何泽慧画传

郭晓雯 刘晓 著

家国情怀

中国科学技术出版社
·北京·

图书在版编目（CIP）数据

何泽慧画传 / 郭晓雯, 刘晓著 . -- 北京：中国科学技术出版社，2022.8

（家国情怀）

ISBN 978-7-5046-9318-1

Ⅰ.①何… Ⅱ.①郭…②刘… Ⅲ.①何泽慧（1914—2011）—传记—画册 Ⅳ.① K826.11-64

中国版本图书馆 CIP 数据核字（2021）第 249767 号

策划编辑	韩　颖　彭慧元
责任编辑	彭慧元
责任校对	吕传新
责任印制	李晓霖
封面设计	中文天地
版式设计	北京麦莫瑞文化传播有限公司

出　　版	中国科学技术出版社
发　　行	中国科学技术出版社有限公司发行部
地　　址	北京市海淀区中关村南大街 16 号
邮　　编	100081
发行电话	010-62173865
传　　真	010-62173081
网　　址	http://www.cspbooks.com.cn

开　　本	710mm×1000mm　1/16
字　　数	175 千字
印　　张	9.75
版　　次	2022 年 8 月第 1 版
印　　次	2022 年 8 月第 1 次印刷
印　　刷	北京瑞禾彩色印刷有限公司
书　　号	ISBN 978-7-5046-9318-1 / K・326
定　　价	49.00 元

（凡购买本社图书，如有缺页、倒页、脱页者，本社发行部负责调换）

编辑委员会

主　　编：郭　哲　秦德继　唐海英
副 主 编：孟令耘　许　慧　赵　千
编　　委：韩　颖　吕瑞花　方鹤婷　刘　晓
　　　　　刘　静　宁德宽　丛中笑　王艳明
　　　　　张聪聪　段文超　黎华君
特邀顾问：葛能全
编撰办公室：彭慧元　余　君　李双北　何红哲　龚梓健

支持单位
中国科学技术协会　中国科学院　中国工程院

2010年5月,"老科学家学术成长资料采集工程"(简称"采集工程")正式启动。这项工作致力于搜集、整理、保存、研究中国科学家的学术成长资料,以此记录和展示中国科学家个人科研生涯与中国现代科技发展历程。老科学家是中国科技事业的宝贵财富。新中国从一个贫穷落后的农业国,成长为一个日益繁荣富强的科技大国,在这一过程中,无数科技工作者献出了辛勤的工作。"十四五"规划关于完善科技创新体制机制中明确"要弘扬科学精神和工匠精神,加强科普工作,营造崇尚创新的社会氛围"。

书写和阅读科学家传记,一方面为学习他们为国家、社会做出的科学成就和贡献,另一方面也是为传承科学精神、汲取科研经验,最重要的是发扬他们难能可贵的精神品质。通过一幅幅真实的照片,将科学家一路的成长、面临的困难、取得的成就娓娓道来,故事资料来源于"采集工程",由"采集工程"学术传记的作者执笔,科学家本人、家属与学生、科技史学者把关,真实呈现科学家的科学人生故事。在这样真实动人的故事里,让青少年感受前辈的人生选择,体验科学人生的悲喜忧戚,并以更高、更远的视角穿越历史,追随科学大师的人生脚步,开创属于自己的道路。

期望读者和我们一起通过阅读科学家的故事,了解和走近科学大师,领略科学家昂扬的风采、宽广的胸怀,让年轻一代从前辈手中接过"家国"责任,将炙热的青春融入飞速发展的新时代。

目 录

第一章	名门望族　世代书香	1
第二章	修齐治平　仁慈明敏	14
第三章	巾帼不让须眉　女生偏念物理	22
第四章	任凭风浪起　稳坐钓鱼船	28
第五章	赴德学习军工	33
第六章	拉贝日记的首位中国读者	43
第七章	移居海德堡　转向核物理	47
第八章	一张节日照片　一段科学爱情	52
第九章	科研舞台　初露锋芒	60
第十章	白手起家核物理	69
第十一章	从零开始：制备核乳胶	78
第十二章	进军原子能	84
第十三章	人才培养有奇功	90

第十四章	参与原子弹、氢弹研制	96
第十五章	遭受冲击　心有星光	102
第十六章	重返科学院　投身高能物理	108
第十七章	支持宇宙线研究	112
第十八章	参与高空科学气球的释放与回收	118
第十九章	立足常规　着眼新奇	123
第二十章	退而不休　实至名归	127
第二十一章	春晖寸草　舐犊情深	132
第二十二章	女性楷模　伉俪情深	138
结语		143
参考文献		147

第一章 名门望族 世代书香

家庭环境是个人成长最初的影响因素。何泽慧的父亲何澄和母亲王季山均出身官宦望族、书香门第，两个家族都早得时代之风，致力革命和新学，奠定了何泽慧的人格品质和良好教育的基础。身为辛亥革命元老的父亲何澄（1880—1946年），出生于山西省灵石县两渡村的一个官宦世家，是当地"四大家族"之一，以诗书传家。

何泽慧出生于苏州，但她总是习惯把籍贯写为山西灵石。1997年8月17日，应灵石县政府邀请，何泽慧首次回到山西祖籍。灵石县县名源于一块从天而降的陨石，为隋文帝北巡途中所知，乃以石立县。当何泽慧来到"灵石"前时，一名工作人员讲起紧贴"灵石"会听到不远处汾河流水声的传说，何泽慧兴味盎然，立即上前认真地"听石"。

▲《灵石文史》为何泽慧推出的祝寿特刊（2010年第1期）

何泽慧还带着女儿钱民协、儿子钱思进,来到了两渡村的八卦院,工作人员向她介绍何澄出生的窑洞和老院,何泽慧非常兴奋:"我父亲就是在这屋出生的,有意思!"她看到父亲的故居还保存得这么完好,指着一间说:"把这间留给我吧,等我回来住。"何泽慧还参观了古老的秋晴桥,与族人进行座谈,为家乡的"两渡中学"题写了校名。

何泽慧对山西家乡的热爱,毋宁说是对父亲的深厚感情。她向家乡的一位作家讲到父亲时说:"你们不要写

▲ 何泽慧在山西灵石两渡村父亲何澄的出生地(1997年)

▼ 何泽慧在建成于1771年的秋晴桥畔

我……如果实在需要并可能时，你们倒是该写写我的父亲。我以为我父亲对国家民族的命运和社会的发展进步，还是起过一点历史作用的。"

何澄自号两渡村人，虽然出身书香门第，但历经家国剧变。何澄三岁丧父，十四岁时又丧母，同年即1894年，甲午中日战争爆发，更是将他的一生卷入了历史的洪流中。

1900年，爆发义和团运动，八国联军攻入北京，沙俄乘机出兵

▲ 何澄(1939年)

东北，占领大片领土，清政府的统治从此进入风雨飘摇的阶段。为此，清政府变革科举、奖劝游学的新政方案也开始酝酿，出洋留学，寻求强兵救国之道逐渐成为青年人的追求目标。

在这种社会背景下，历经甲午与庚子两次国难的何澄，于1902年作为山西籍首批留日学生自费东渡。和许多早期出国的留学生相似，何澄最初志在学农，故字亚农，在日本东京的清华学校学习语言和农艺。受其他革命人士影响，革命思想日益在何澄的心中生根发芽，次年他改学军事。正如何澄所说"余深以军队革命事半功倍，唯有武备强大，才能无往而不胜，建立一个自由独立的国家。"这在革命风起云涌的时代，已经成为负笈东瀛新知识分子的共识。

1905年，孙中山来到东京，与在东京的华侨和留日学生千余人举行盛大集会。

▲ 王季山

▲ 何澄"灵石共和堂何"界碑

8月,成立同盟会,同盟会注重在留学生特别是留日学习军事的学生中发展革命力量。9月,何澄加入同盟会,立誓奉行孙中山提出的"驱除鞑虏,恢复中华,创立民国,平均地权"的革命纲领。

在孙中山的领导下,何澄等20余位同盟会成员在东京成立了名为"丈夫团"的秘密组织。1909年,何澄毕业回国,进入清末通国陆军速成武备学堂担任兵学教官,接着到军谘处第二厅任科员。在军谘处,何澄结识了任职学部专门司郎中的王季烈,经王季烈介绍,他与其妹妹王季山(1887—1949年)结婚。

1911年8月,何澄退出军界,回到妻子王季山的家乡苏州定居。

定居苏州不久的何澄,选择在当地经商。何澄还自主设计建造了私宅,房屋为日式建筑造型,还有专门的浴室。当时在苏州,即便粉墙黛瓦、钟鸣鼎食的人家也多没有卫生设施,可见何澄非常注重为家人提供良好卫生的环境。1913年房屋建好,命名为"灵石何寓",何泽慧正是在这里出生。

何澄与王季山共有十个子女,除两个幼年夭折外,其余八个孩子均学有所成,他们分别是何怡贞(女)、何泽明、何泽慧(女)、何泽涌、何泽瑛(女)、何泽源、何泽诚、何泽庆。"若想中国人不受外国欺负,必须把外国的强项学到手,我就是倾尽家资也要送你们出去学习"。何澄戏称要把自己的孩子送到联军的八个国家留学,将来学成后打败他们。年长的四个子女均留学国外,而年幼的四个子女因抗战爆发未能如愿,但他们仍然在科学方面有所建树。

1920年前后,何澄又建造了一幢两层的西式洋房(今苏州南

▲ 大姐何怡贞(右)、大哥何泽明(中)与何泽慧(1917年)

▼ 两渡书屋(台阶上坐者为3岁的何泽慧,1917年)

▲ 何泽慧（右）和大哥何泽明、大姐何怡贞以及弟弟何泽涌（1919年）

▲ 何泽慧（前）与兄弟姐妹（1924年）

▲ 灌木楼内景（左起王季山、何泽源、何泽庆、何泽诚、何澄、何泽瑛、何泽涌，当时何怡贞留学美国，何泽明留学日本，何泽慧就读北平清华大学，1932年）

▲ 苏州灌木楼前三姐妹（左起何泽慧、何怡贞、何泽瑛，1994年11月7日）

园宾馆院内），命名为"灌木楼"。何澄在院内栽种花木，并逐渐扩建东斋、西斋。

1948年，到访灌木楼的记者这样描述："这里的围墙虽然也是灰色的，却点缀着青翠的爬山虎，黄色的木门上顶着'灵石何寓'四字，要是你没有开门进去，真想象不出这个园子的幽美雄壮，迎门不远的地方矗立着古老的雪松，两旁陪衬着各种的松柏，平坦而不太狭窄的通道，两旁栽着各种花卉树木，由外而内栽种的植物也由矮小华丽的花卉而至高大雄伟的松柏，因此当我们一跨进门就觉得

▲ 明沈周花鸟册上文徵明的题款

▲ 明仿宋式钟乳鸲眼端砚

▼ 今灌木楼外景

▲ 宋代旧玉龟钮文章

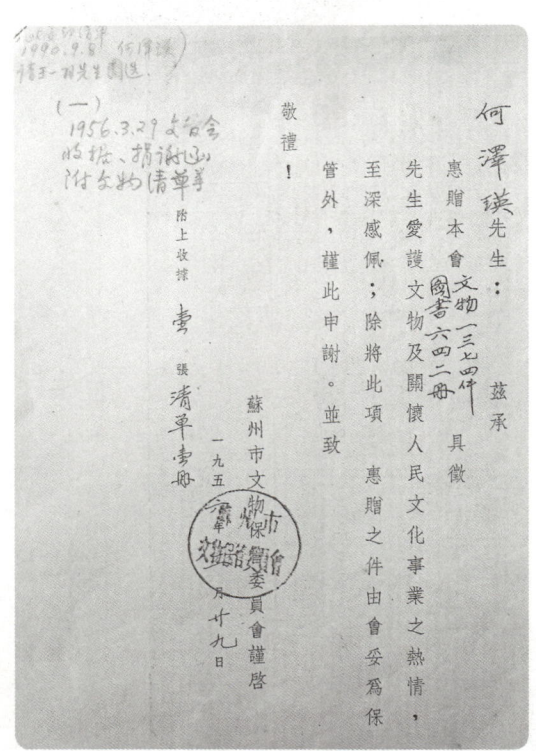

▲ 何泽瑛代表家族捐赠的文物和图书清单

里面是幽悠深奥，不知道房屋是在哪儿。"

何澄的另一个重要身份是书画、文物鉴赏家和收藏家。在日军占领苏州前夕，何澄将其藏品藏匿。1956年，两渡书屋整修时，意外发现天花板上小阁楼内，竟存放着上千件书画、铜器、瓷玩等珍品，其中包括文徵明、傅山、王铎等名家大师的笔墨丹青佳作，各种文物共计1374件，古籍图书642册。这批稀世珍宝随即被捐献给苏州市文物保管委员会。

此外，由何泽瑛根据回忆提供

线索，南京博物院的专家于1990年进行发掘，于灌木楼前假山泥石下的一个瓷罐中，发掘出田黄、鸡血、青田石等名章。1990年9月26日，《人民日报》载："老同盟会会员、辛亥革命老人何澄先生生前珍藏的72方珍贵印章、印材，由其子女全部捐献给国家。"何家两次捐献，内有国家一级文物31件、宝墨12件。

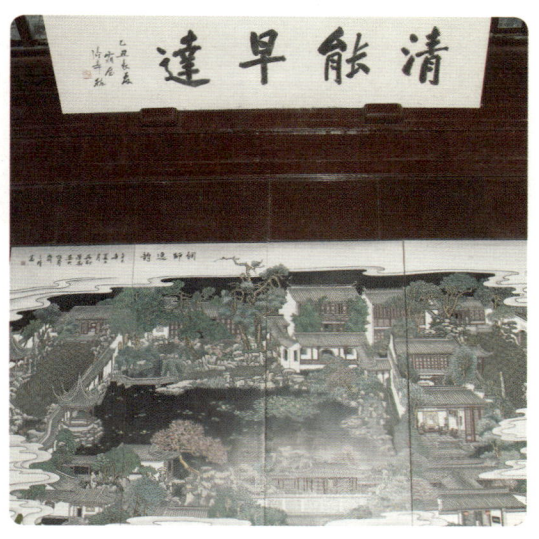

▲ 网师园入口的"网师逸韵"屏风

离灌木楼一箭之地的网师园被称为江南古典园林的上乘之作，全园"布局紧

▼ 网师园内景

▲ 殿春簃（簃为阁边小屋，此处旧有芍药园，花期在春末，故名殿春簃）

凑，比例适度，叠石理水，尤具匠心"。1940年，何澄倾其积蓄，购得此园。何澄延请工匠，亲自擘画，耗时三年，对亭台屋宇、假山园池进行了全面整修，并充实了古玩书画及明清家庭用具，复"网师园"旧名，使网师园焕然一新。

何澄一生克勤克俭，他叮嘱子女必须勤学自立，决不能以父母的遗产为享乐之本。何澄向来认为，其所有的珍贵文物和园林只是暂为收藏维护，待将来政治安定，必还之于民。1950年，何澄的八个子女共同决定根据父亲生前遗愿，将其生前竭尽全力保护和修缮的苏州网师园捐献给国家。

何泽慧的外祖父王颂蔚（1848—1895年），曾担任军机章京，也是蔡元培的座师。《马关条约》签订后，不幸染时疫病故。外祖母王谢长达（1848—1934年）带领子女回到苏州，立志振兴中华、争取女权，成为民族危亡之际的开风气者。

王谢长达重视让女儿们获得教育的机会。她的五个女儿中，有三个远赴美国深造、一个就读清华，第三代后人中涌现王明贞、王淑贞、何怡贞、何泽慧、何泽瑛等顶尖女科学家。王谢长达不仅是女权先驱，而且深受科学救国思想的影响，重视教育，带领王家实现了从科举世家到科学世家的转变。

当时"三吴素号文物之区，而女学寥若辰星"，少数几所稍具规模的

▲ 苏州织造署牌匾

▲ 王谢长达和她的"求人不如求己"画像，画像中为同一人

女学都是外国教会在华开办的，无法完全适应本地需要，于是她决定亲自办学以教育女子、弘扬女权。1906年，王谢长达创办"振华女校"，校名"振华"取振兴中华之意。办校之初仅招来五名学生，但是经过不懈努力，振华女校逐渐走上正轨。当时从美国留学回来的王季玉（王谢长达的三女儿）也参与到学校事务中，借助王谢长达的声望和社会影响，聘请章太炎、蔡元培、李根源、张一麐、叶楚伧等一批学者、政要、地方名流为校董。

在王谢长达的努力下，请求将原清苏州织造署废园辟为中学部校舍。苏州织造署是一个很有历史底蕴的园林，曾是康熙、乾隆南巡时的行宫，花园中最令人瞩目的是千年石峰"瑞云峰"，被称为江南"四大名

▲ 振华女校校长王季玉

▲ 苏州第十中学（清苏州织造署旧址）

▲ 王、何两家于灌木楼前合影（中坐者为王谢长达，前排左起何泽慧、王季山、何泽庆、王守璪、王季常，前排右起何泽瑛、何泽诚、何泽源、王守融、何泽涌，中排右起何怡贞、何澄、王季绪、王明贞，后排左起王季玉、王季昭、王守觉，后排右起何泽明、王季点、王季同、王季烈，1928年）

石"之首。经过修缮，1927年，振华女校中学部全部迁入新址。学校逐渐声名鹊起，成为江南名校。1949年后，几经改组、合并，原址现为苏州市第十中学。

王季玉引进西方国家的现代课程设置方式，加强基础学科，突出科学、艺术教育。振华女校设置的课程有国文、数学、物理、化学、生物、历史、地理、体育、绘画、音乐等，同时注重体现女子学校的特点，为学生的发展服务。

在良好的家庭氛围、振华女校平等、自由的风气下成长，何泽慧在青少年时期得到了全面发展：她学习优秀，爱好广泛，体育突出，团队精神也得到锻炼。随着国家内忧外患愈演愈烈，激发了她的爱国热情和理性思考。父亲身上的家国情怀以及王家重视女权、长于实践的优秀传统，在何泽慧身上融会贯通，为她未来的科学人生道路埋下了伏笔。

第二章 修齐治平 仁慈明敏

1920年，6岁的何泽慧成为振华女校的一名学生。何泽慧在这所学校度过了12年的学习光阴。和大多数孩子一样，何泽慧的记忆里更多的是快乐的时光："我们唯一的生活就是玩耍。""我们的生活仍是一天到晚的玩耍。"

为了让培养的学生将来能够服务国家和社会，振华女校非常重视体育。

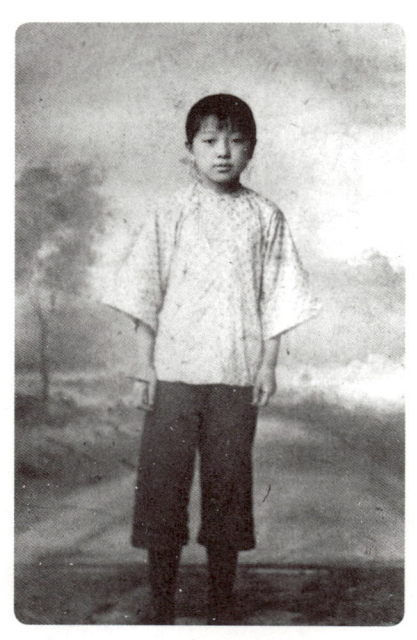

▲ 振华女校的小学生何泽慧（1925年）

何泽慧是学校排球队的一员，在球场上，何泽慧是唯一留着两条长辫子的球员，被同学们称为"双辫将"，成为她个人最醒目的标志。何泽慧高一的时候（1930年），她们年级的排球队在学校运动会上战胜了高二和初三的排球队，获得校运动会排球冠军。1931年春，在江苏全省运动会上，何泽慧参加的振华女校排球队荣获女子排球赛冠军。

随着年龄的增长，同学们对时局逐渐有了自己的思考。20

世纪20年代,中国深处内忧外患,军阀混战,天灾人祸,这些十几岁的中学生也意识到象牙塔并不安宁,她们渐渐产生了"修身齐家治国平天下"的家国情怀和社会责任感,也认识到集体团结的重要性。何泽慧读高一时,壬申级级友会正式确立,有了完备的组织,置级训、选级友、出级刊。当时一级学生不到30人,但级友会组织非常完备。小小年纪的她们决心从"修身"做起,为家为国贡献己力。

为了自我勉励、表现小团体的特有精神,壬申级在校训"诚朴仁勇"的基础上,立级训为"仁慈明敏",张贴在自修室的墙壁上,效法古人座右铭。四个字都有着深刻的含义,其中对于"仁"字的说明为:博爱之为仁,为团体牺牲,为国家负责;虽然当时能力有限,但是预备将来把爱己爱家的精神,用于报效国家、服务社会!

1931年10月,日本陆战队登陆上海,近在咫尺的苏州感受到切实的威胁。何泽慧撰文《日本陆战队若到了苏州我们应持怎样的态度》,描述了她们的感受和思考。她呼吁大家团结起来:"不唱而静默地想方设法救国、救同胞,才是现在中国

▲ 江苏省排球锦标队(左一为何泽慧,1931年)

▲《振华女学二一级刊》上的同学头像,长辫子的何泽慧被设计到左下角

▲振华女校1932级毕业照(前排右五为何泽慧)

人应有的态度。"

在时局动荡的年代，振华女校的师生心系祖国，理性思考抗战的远景和国家的前途命运。何泽慧从中学就确立了科学救国的志向，这个品学兼优、文静素雅的女学生日后成了中国著名的核物理和高能物理学家。由于何泽慧是振华女校（今苏州第十中学）历史上唯一的院士，为激励后学，学校的一座实验楼被命名为泽慧楼。

▲ 苏州十中的泽慧楼

1994年10月的一天，金风玉露，夕阳西下，一位老人走进苏州市第十中学，穿过中心教学区，来到了学校西花园。此地为苏州织造府旧址，园内造景颇具江南意蕴，秋叶萧萧、亭台水榭、峰石叠秀点缀其中，更有被誉为江南四大名石之一的瑞云峰，形若半月、玲珑嵌空。老人环视四周，似乎在温习什么、寻找什么，略微迟疑之后，她沿着环绕中心草坪的小路来回踱步，在花园西北边的一座紫藤架旁停了下来，端详着

▲ 瑞云峰

路旁一块石刻，弯下身子，伸手抚摸，辨认上面镌刻的文字"仁慈明敏"。这块石刻，已和旁边的紫藤架一起，成为校园一景。

按照惯例，每级学生毕业时要为母校留下一些纪念。1932年的夏天，26名壬申级毕业学生在西花园修葺了一条环绕院墙并贯穿花园的小径，又在花园中修建了一个小茅亭，茅亭附近安放着她们在毕业前完成的"壬申级石刻"。石碑上方，何泽慧篆刻了十二个古拙恢宏的字，"仁慈明敏""壬申级训 何泽慧篆"。

石刻正面，是同级同学冯远怀撰文，齐季庄书石的铭文：

维共和第一壬申夏，苏州振华女学校二一级为母校西园甃圜墙穿心曲径，并建茅亭三匝，摩岩勒铭，其词曰：

蚕鬼蜀，褒余筑。旁皋麓，绮而曲。因树屋，真且朴。臧修足，聊寓目。

课余时，师生来到这里散步、谈天。老人的举止风度，引起了他们的注意。经过一番交谈，大家才知道老人就是这块石刻的篆刻者何泽慧。她18岁从这所学校毕业，如今故地重游已是80岁整。她想以一个普通学生的身份，回到昔日读书的校园，重温62年前的青春光景。随后，何泽慧被邀请与学生们座谈，追忆读书往事。

我们在《振华壬申级毕业刊》上看到多幅何泽慧的书画作品，有桃花、荷花的尺页，以及书法竹刻，仍能想见她丰富的校园生活。

秋日的校园，也许让何泽慧想起那时每年最盼望的秋游。低年级在市内游玩，初中到附近城市，高年级则到较远的其他城市。1930年（民国十九年）10月，高二的何泽慧参加了杭州之游，同学们在西湖泛舟、钱塘江观潮，一起游览了灵隐寺、烟霞洞等名胜。游玩之余，同学们还参观了杭州的市政，分析杭州的交通、路政、卫生等情况，调查杭州的实业（工场和商业），考察农事试验场等。旅行回来后，同学们写作的游记集成《秋日旅行丛载》，载入何泽慧一篇文言散文和一首诗。

2006年，苏州十中隆重举行百年校庆，何泽慧因腿跌伤不能前往，她为母校

 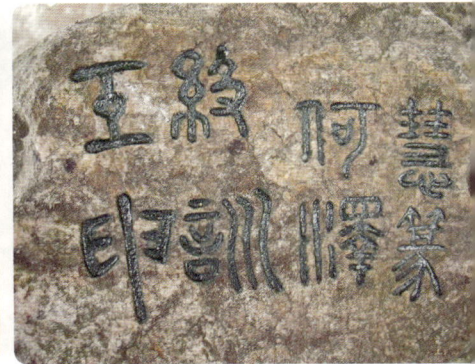

▲ 何泽慧篆"仁慈明敏"石刻

▲ 石刻正面

▸ 何泽慧的水墨荷花与桃花

◂ 何泽慧临曹全碑

▴ 何泽慧的竹刻书法作品

献上了自己的题词"爱国奋进"。学校将其镌刻于石上，置放在西花园的东南面，与西北部的"仁慈明敏"的篆刻遥相呼应。

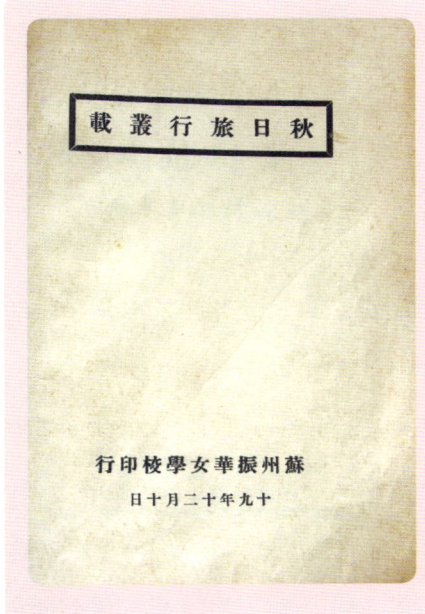

旅行杭州记

何泽慧

……庚午秋，与同学百余人，作杭州五日游。湖山灵秀，胜吾灵岩天平远矣。西子湖以其位于杭城之西，故又名西湖，为诸胜之冠。浩浩荡荡，平浪无纹，湖水团集，群山纠纷，画舫点点，若秋叶之于大海，浮荡其上，诚仙境也。

……盖昔日所传闻其概者，今乃目极之。久欲见而无从者，今乃不求而尽获之，快意适观，于斯为极。辞北高峰而至紫云、水乐、烟霞等洞，皆天然之奇胜处也。紫云若广厦，水乐则奇深。洞尽处有一泉，汩汩作声。烟霞则奇石倒悬，皆成奇观。惜非闲人，不得坐卧十日。招太白梦得辈于云雾间相共语耳。

▲《秋日旅行丛载》封面和何泽慧的"旅行杭州记"（1930年）

▲ 何泽慧为母校百年校庆题词（2006年）

第三章 巾帼不让须眉 女生偏念物理

个人无法选择家庭出身，更无力扭转历史时运，这些因素成为我们在人生中需要被动接受的一部分；关乎人生道路走向的事项，包括专业、职业、人生伴侣的选择，决定自己成为怎样的人，这些是人生中个人的主动选择，年轻人应该珍惜主动选择的机会并慎重决策。

临近高中毕业的何泽慧站在人生的十字路口，即将离开家庭的庇护独自探索更广阔的世界，独自面对更多困难和考验，做出自己的判断与选择。何泽慧认真思考了自己的未来。在过去的大家庭里，父母大多希望孩子学医，但何泽慧从小对艺术感兴趣，所以她当时在医学和艺术这两个方向上犹豫不决。1932年4月，何泽慧给正在美国留学的大姐何怡贞写信，表达了对未来报考学校和专业的一些想法：

> 照父亲的主张，我下半年的升学问题是这样：不入金陵，便入燕京，同时父亲又想叫我进清华，因为省钱。他的意思是叫我学医，入了燕京或金陵进协和便当些，但是我想一个人只有一种才干是没趣的，因此我想一方面学医，一方面研究艺术，同时对于算术等我都想有成就些，你想我能成功吗？学医是要到德国去的，因此我想越早读些德文，艺术是法国好，我又想到法国去一趟，你看我能达到目的吗？

▲ 何泽慧致何怡贞的信（1932年4月11日）

由此信可见，当时何泽慧的兴趣还是相当发散的。然而，家族"科学救国"的理念在专业选择方面起到决定作用，何泽慧最终既没有学医也放弃了艺术研究。何泽慧曾讲到自己受表哥王守竞的影响，在中学时就对物理感兴趣。大姐何怡贞于1926年考入金陵女子大学数理系，1931年留学美国，后于1937年获得密歇根大学物理系哲学博士学位。何怡贞从事过渡金属的光谱学研究，最早标定并发表钇的从可见光到紫外光的光谱线。继承大舅王季烈开创的物理学传统，二舅王季同、大姨王季昭、表哥王守竞、表姐王明贞等都是学习物理学。

关于学校问题，神往杭州的何泽慧起初报考了浙江大学，而她的表姐王淑贞、表哥王守竞、王守融都曾考取清华大学。或许是受他们的影响，何泽慧也同时报考了清华大学，不久就收到了清华的录取信息。她后来对记者回忆道："考浙江大学的人有八百多，我报考的是物理学系，他们录取的只有我一个女生……报清华大学的人多而且特多，一共有近3000人，清华的希望小得不得了！"

"想到北方去看看"的何泽慧最终选择了清华大学,成为物理系第八级的学生。振华女校一同考取的还有蒋宪端(后改名蒋金涛)、戴中扆(后改名黄葳)和齐季庄。

在那个时局动荡、战乱纷扰的年代,清华大学与其他国立大学相比有一个突出的优势,即经费充足且有保障。20世纪30年代初,清华物理系在时任理学院院长叶企孙先生的主持下,云集了当时中国物理学领域的众多名家。吴有训、叶企孙、赵忠尧、萨本栋等都是留学归来且学识渊博的著名教授。赵忠尧从加州理工学院学成归国后,开设了我国首个核物理课程,主持创立了我国首个核物理实验室。理论物理学家周培源后来成为何泽慧的力学启蒙老师。吴有训开设的近代物理学课程,将国际最新物理学研究成果系统地引入清华的课堂。物理系不仅注重教学,同时也重视开展前沿研究工作,拥有良好的实验条件,对学生的培养和继续深造很有帮助。因此,这一时期的清华物理系是名副其实的物理学家的摇篮。

背井离乡的何泽慧在清华最初生活得并不顺利。1932年考入清华大学物理系的28名新生中,有8名女生(全校女生总数共27人),物理系的这些女生遇到了麻

▲ 中国物理学会会员在清华大学合影(前排右二周培源、右三萨本栋、右四吴有训、右五叶企孙,1932年)

▲ 何泽慧骑毛驴游览长城（1933年）

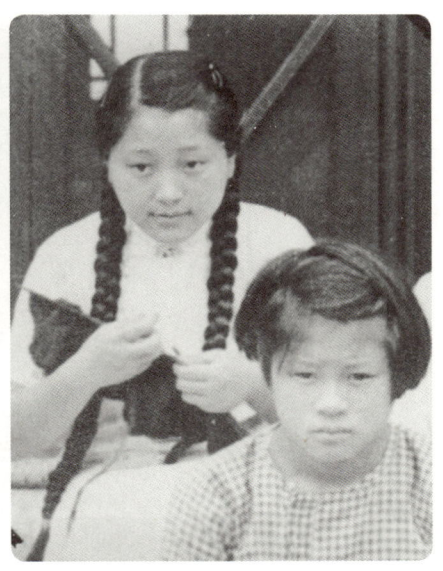
▲ 何泽慧与何泽瑛（1933年）

烦。按物理系重质量不重数量的宗旨，系主任叶企孙或许觉得女生学物理比较困难、物理系毕业生将来可能要服务于战争等顾虑，动员女生转系。

何泽慧自幼在男女平等的家族文化熏陶下成长，此时她挺身而出，和女同学们一起据理力争："你们为什么在考试成绩之外，设立一个性别条件？招生的时候没有说女生不能读物理系，所以我们才报考并来到这里，现在又动员我们转系、转校，这是歧视女性。"何泽慧表现出性格中倔强的一面，"你越不让我来，我越要来；不让我念，我偏念。"

最终系里妥协，同意她们试读一学期，但成绩不行的话一定要转走，男女生皆如此。升入二年级的时候，经过严格的淘汰，入学时的28人仅剩下12人，升入三年级时又减到10人。何泽慧最终通过清华物理系严格的学术训练，成为坚持到毕业的3名女生之一，她用自身实际行动证明"没有天生的物理学家，也没有天生不能学物理的女性"。

虽然何泽慧对叶企孙等持有重男轻女观念的教授自此怀有成见,但安心专业后的她很快就感受到清华物理系的学术优势。从北京大学转学来到清华的钱三强曾这样评价两所学校的差异:一是清华政治运动少,学生能专心于学业;二是清华物理系的教授多是从美国留学归来,学术水平高。就这样,何泽慧在清华奠定了最初的学术基础。

给何泽慧所在的物理系第八级授课最多的是赵忠尧先生,每年的重要课程都由他讲授,如大学物理、光学、现代物理等,因此他对学生的影响也较大。赵忠尧曾在加州理工学院师从密立根(1868—1953年),他1930年在实验中发现了正电子和正负电子对的产生和湮灭过程的最早实验证据。回国后,他在清华大学组建了我国第一个核物理实验室。赵忠尧是何泽慧一生的良师益友,何泽慧从事原子物理研究,也是从正负电子的对撞发现开始的。中国科学院近代物理研究所成立后,两人又成为多年的同事,赵忠尧晚年还与何泽慧共用一间办公室。

理论物理学家周培源是何泽慧的力学启蒙老师,作为王守竞的好友,他总把

▼ 同班同学参观古观象台(前排左起许孝慰、何泽慧、黄葳、杨镇邦、王大珩、钱三强,后排左起于光远、谢毓章、陈亚伦,1935年)

何泽慧当小妹妹看待，见面就用一口苏州话跟她聊天。1935年华北危急，学生开展轰轰烈烈的"一二·九""一二·一六"救亡运动的时候，周培源为培养学生应用物理保卫祖国的意识，特意增设了"弹道学"这门课程，以激励青年学生的爱国精神。这不仅促使几个学生毕业后直接从事弹道研究工作，还使何泽慧留学柏林高等工业学院时将弹道学作为自己博士论文的方向。

▲ 何泽慧在清华大礼堂前（1935年）

毕业论文研究阶段，物理系只剩下10名学生，老师指导学生做论文时几乎是一对一。任之恭，1931年获哈佛大学博士学位，1934年到清华任教，算是山西同乡，何泽慧大四时选择了他作为毕业论文的指导老师，和陈亚伦一起选题"实验室用电流稳压器"。

当时，稳压器还是有待研究的课题，市场上既无现成商品，也无可用配件，需要自己动手制作。何泽慧亲自上机床，拿锉刀、焊枪，装配、拆卸，从事这些看似专属于男性的工作。调试线路时，为了找出稳定的最佳数值，她反复调整、实验，最终得到最佳设计方案，稳压器实验获得成功，她的毕业论文获得了90分，是当年物理系毕业生中的最高分。

何泽慧在学校生活克俭，同学们一直以为她是贫寒子弟，殊不知这是她在家风熏陶下养成的性格和习惯。在清华读书期间，何泽慧依旧保留着她那与众不同的长辫子，在全校女生中也是少有不剪短发而留辫子的。为此，男同学给她起了一个外号叫"小辫"。

第四章 任凭风浪起 稳坐钓鱼船

何泽慧到清华大学读书不久，因北方局势紧张，何澄协助国民政府办理对日交涉事务，经常往返于南京与北平。为方便办公与生活，何澄购得王大人胡同1号院，为明其志，以傅山之号"真山"为号，将新宅命名为"真山园"。何泽慧一家人相聚北平。

何泽慧在读大学的四年中，学业虽不致中断，但却屡受日军在北方侵略活动的干扰。1932年初日军侵占东北，1933年1月又占领山海关。1935年，华北形势危急。钱三强与何泽慧曾痛切地说："回想起我们入学时日本侵占东北，毕业时反对日本操纵成立的冀察政委会而进行'一二·九'运动，那时爱国是不愿当亡国奴。"

实际上，许多老师和长辈出于爱惜和保护学生，并不公开支持学生牺牲学业和生命而

▲ 何泽慧与兄弟姐妹在北平家中，何怡贞尚在美国（1934年）

从事救亡活动。如叶企孙就不鼓励学生们参加政治运动，而是要求学生以学好功课为主。"只有科学才能拯救我们的民族"，是叶企孙一贯的主张。长期奔走南北、军政阅历极深的何澄更认为，搞"学运"不能救中国，学潮对国家民族强盛无济于事。

在父亲和老师的共同影响下，何泽慧大学期间专心学习，决心用知识去战胜敌人。她不止一次在信中表达了对某些弃学逃难学生的蔑视。在一份手稿中，何泽慧写道："1935—1936年，是日本帝国主义侵略我国最疯狂的时期，那时我在清华物理系四年级念书，总想只有抓紧时间念好书才能救国，因此虽然那时轰轰烈烈的学生运动如火如荼，我从来都没有参加，只知道到系图书馆看书，老师也是这样教育我们的。"

何泽慧面对时局沉得住气，真正实践着她在中学时期就提出的"静默地想方法救国"。时值毕业，学校组织毕业生去南京、上海参观。何泽慧在火车上看到日本人和替日本人做事的朝鲜人对中国人粗暴无礼，他们在火车座位上堆满了日本

▼ 何泽慧与父亲何澄在北平（1935年）

▲ 何泽慧与父母在北平，后为弟弟何泽涌（1935年）

▲ 何泽慧在北平家中（1935年底）

第四章 任凭风浪起 稳坐钓鱼船

生产的人造丝,不让中国人入座,乘客只能在火车的夹道里一路站到南京。何泽慧说:"1936年的南方之行使我感受很深,这就是我留学时为什么选择了弹道学。当时只有一个念头——为了打击日本侵略者。"

物理系第八级即将毕业,叶企孙、吴有训等先生对学生毕业后的去向十分关心,积极推荐他们去南京兵工署的弹道研究所。然而,弹道研究所只青睐"身强力壮"的男生,何泽慧也不愿留在清华研究院继续读书。与父亲商量后,她认为家中经济条件尚能允许她继续读书,于是准备出国留学。4月份时,何泽慧在给大姐何怡贞的信中透露有毕业后去德国的打算,因德国留学费用较省,同时用银圆购买德国马克比较便宜,且因战争乱局而对美国、日本都没有好感。

临近毕业的一天,何泽慧在参加清华大学的山西同学聚会时,偶然听一位同学说阎锡山有一条规定,凡国立大学毕业的山西籍学生,都给三年资助出国留学,每年一千大洋。何泽慧立即回山西办了手续,"兵工署不要我们,我自己去德国找军事专家学习!"就这样,何泽慧踏上了前往德国的留学路。

▲ 何泽慧的大学毕业照片(1936年)

▲ 清华大学物理系第八级毕业照［前排左起：王大珩、戴中扆（黄葳）、许孝慰、何泽慧、郁钟正（于光远），后排左起：钱三强、杨镇邦、陈亚伦、杨龙生、谢毓章，1936年］

▲ 清华大学物理系第八级毕业50周年纪念返校合影（前排左起王大珩、黄瑾、何泽慧、黄葳、许孝慰，后排左起谢毓章、于光远、钱三强、杨龙生，1986年）

第五章 赴德学习军工

何泽慧之所以选择留学德国，最重要的原因是当时德国的军工技术和理工科教育在全世界首屈一指。

1936年9月3日，何泽慧离开北平，乘坐火车经西伯利亚前往德国。她只带了两只小手提箱，除了衣物，里面有一本德文文法和一本德文字典。旅途虽略漫长，但同行者中有五个清华同学，所以一路并不寂寞。路过莫斯科的时候，停车八小时，当地的清华同学还招待了他们，带领他们参观城市。15日抵达柏林的当晚，清华大学校友正好召开同学会，二三十个校友欢聚一堂。当时柏林奥运会刚刚落幕，到处是和平、宽容的景象，何泽慧的德国生活开局颇为顺利。

▲ 出国前的何泽慧（1936年夏）

何泽慧一边在柏林大学继续学习德语，一边进入了柏林高等工业学院（今柏林工业大学前身），学习物理、数学和化学。1937年年初，冬季学期结束的假期，何泽慧到英国游玩了一个月，3月28日才回柏林。在她给何怡贞的信中称："在英国一个多月，觉得比抱着一本书，死坐在屋子里，得到的知识多得多！"

33

▲ 何泽慧在英国邱园（1937年3月）

▲ 何泽慧在柏林（1937年4月）

1937年5月，刚刚获得密歇根大学物理系博士学位的何怡贞，没来得及参加毕业典礼就匆匆赶到德国，与分离已久的妹妹何泽慧相聚。何怡贞从事光谱学研究，她的光学老师正好是德国光谱学教授帕邢（1865—1947年）的学生。帕邢就住在柏林高等工业学院附近，姐妹俩一起去看望了老先生。这次会面对何泽慧帮助很大，帕邢教授主动邀请她到家中居住，对她一直非常友好，教她德文和做研究的方法。

第五章　赴德学习军工

1937年6月25日，何泽慧和何怡贞开始了欧洲之旅，两人还购买了一架照相机。她先到柏林西南的波茨坦，经南部城市法兰克福，沿莱茵河到瑞士苏黎世，攀登了阿尔卑斯山的少女峰然后重返德国巴伐利亚，北上丹麦哥本哈根，再去挪威、瑞典。

在挪威，房东告诉她们一个惊人的消息：中国发生了"卢沟桥事变"。何怡贞作为家中的长女，决定与家人一起分担战乱的苦难，她让何泽慧继续学业。回到柏林的两周后，1937年8月30日，何怡贞踏上归途，乘火车到地中海搭船回国。

"卢沟桥事变"拉开了全国性抗日战争的序幕。国内的战事迅速影响到远在

▲ 帕邢教授

▲ 何泽慧与何怡贞（左）在波茨坦（1937年） 　　▲ 何泽慧与何怡贞（右）在瑞士（1937年）

▲ 何泽慧与何怡贞在挪威（1937年） 　▲ 何泽慧与何怡贞（左）在瑞典（1937年）

▲ 何怡贞回苏州后，与家人一起逃难到光福山的草屋中（坐者右为王季昭、左为王季山，其后为何怡贞，1937年）

德国的学子。汇兑停止，一些自费生的生活来源成了问题，要向大使馆借钱才能维持。有许多人牵挂国内局势，要求回国。何泽慧也做好了回国的准备："国内的消息一天比一天坏，我们也许都要立刻回国也未可知，我学习的是弹道学，也许兵工署就要发来电报请我回去服务，不是说中

第五章 赴德学习军工

国兵发炮发不准,放枪放不准吗?其实只要我一算,一定百发百中!他们不早些请我,不然日本兵早已退还三岛了。"

"卢沟桥事变"后,周培源亲自送清华研究院毕业的王大珩到南京弹道研究所工作,何泽慧从王大珩那里得知弹道研究所曾邀请克兰茨(1858—1945年)教授指导近两年,因抗日战争爆发才回到德国,而克兰茨教授正在自己目前所就读的学院。克兰茨教授是现代弹道学的开创者,1935年应邀来华

▲ 何泽慧致何怡贞的信(1937年9月3日)

参与筹建南京弹道研究所并工作,1937年返回柏林,任柏林高等工业学院技术物理系主任。克兰茨将实验物理中的精密测量方法应用于弹道学,第一次用照相技术将子弹飞行的轨迹真实记录下来,达到百万分之一秒精度,并对飞行轨迹进行计算。

克兰茨从事的弹道学研究属于军事敏感领域,与德国的军事工业有着密切的关系,保密程度很高,一般不接受外国人在那里学习。一心想学习实验弹道学的何泽慧找到克兰茨教授,请求进入这个专业,起初克兰茨教授不接受。何泽慧对

他说:"你可以到我们中国来当我们军工署的顾问,帮我们打日本侵略者。而我也是为了打日本侵略者,到这里来学习这个专业,你为什么不收我呢?"克兰茨教授被问得哑口无言,同时他很同情中国的遭遇,

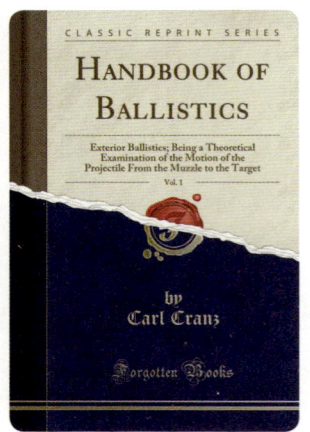

▲ 克兰茨及其弹道学著作

就破例接收了何泽慧。当然,克兰茨也需要征求其他人的意见,因此何泽慧开始是以旁听生的身份听课,一段时间以后才转为正式学生。

何泽慧在回忆时写道:"这位德高望重的克兰茨教授,就在德国柏林高等工业

▲ 何泽慧与德国的山西同乡聚餐(1938年)

第五章 赴德学习军工

学院的物理系里,他倒不像某些教授那样封建,看不起女孩子。也许那时他看我不过是个小女孩(我当时22岁,还梳着两个小辫);他就同意我在他的研究所学习和做博士论文。"就这样何泽慧成了一名弹道学的学生,这是技术物理系第一次接收外国学生,也是弹道学专业第一次接收女学生。

在1938—1940年这段时间里,何泽慧的主要研究工作是外弹道学。外弹道学讨论的是子弹、炮弹离开枪炮后的运动轨迹,以及它们的速度与空气阻力之间的关系。当时克兰茨已近80岁高龄,真正指导何泽慧实验的是汉斯·盖革(1882—1945年),盖革以发明盖革计数器而闻名。何泽慧在盖革教授的实验室工作,是盖革教授直接指导的学生。何泽慧的博士论文以《一种新的精确简便测量子弹飞行速度的方法》为题,通过两个光电管控制的多频示波器来测定弹道子弹的速度。

▲ 盖革教授

在何泽慧博士论文写作期间,欧洲局势发生了天翻地覆的变化。1939年8月,当时在英国留学的王大珩、彭桓武、夏震寰、卢焕章四人正在欧洲游玩,8月23日,德国与苏联在莫斯科签订了《苏德互不侵犯条约》,此事在次日见报后,德国人兴高采烈,一片和平气氛,彭桓武等人也以为战争威胁暂时消除,还打算在柏林多玩几天。然而在法国,人们对形势的判断截然相反,纷纷惊呼战争已迫在眉睫。四人随即匆匆登上返法的列车,到达巴黎大学时发现早已驻满了军队。钱三强督促他们立刻换车回伦敦,而这趟从巴黎发出的火车已是战前最后一班直达车。彭桓武返回爱丁堡的第二天,第二次世界大战就全面爆发了。

战争爆发前夕,少数中国留学生已事先得到消息,连夜离开德国。何泽慧一

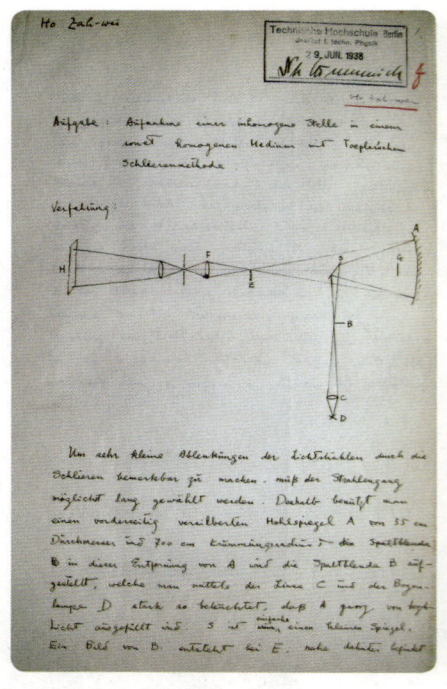

▲ 何泽慧的实验记录（1939年）

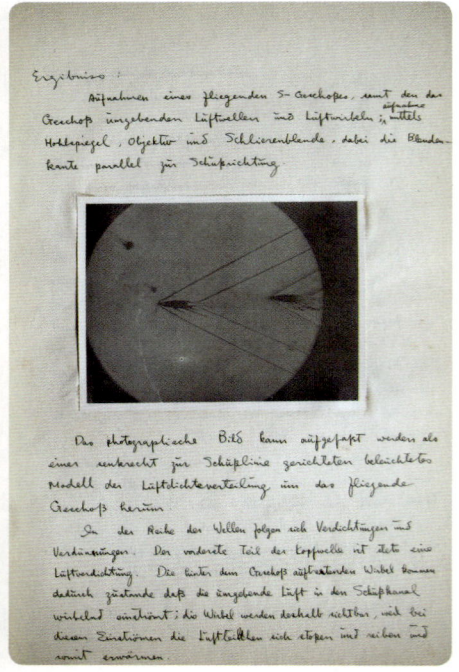

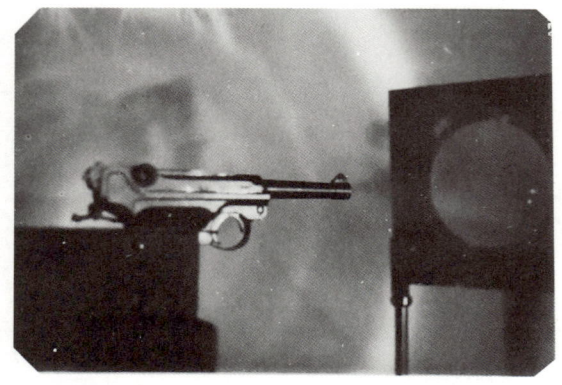

▲ 实验手稿中的照片（1939年）

直没有得到任何关于战争临近的消息，她后来分析原因时说，自己那时太不关心政治，不和使馆来往，消息不灵通。当时消息灵通、与上层政治关系密切的人，在德国下达禁令之前，想走的都已经离开柏林了。战争爆发后，何泽慧接到父亲的来信，父亲也是希望她先抓紧

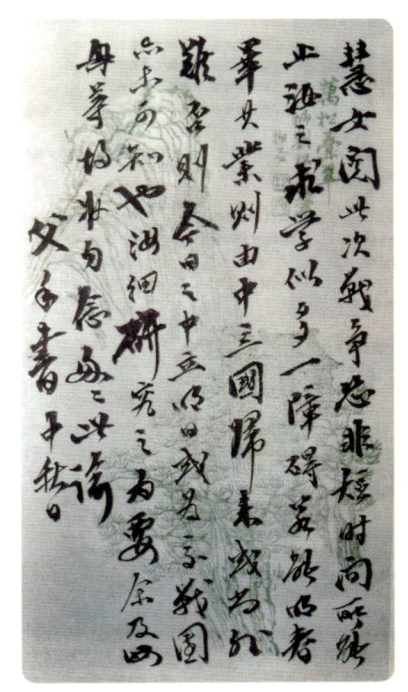

第五章 赴德学习军工

完成学业，再从中立国回国，"汝细研究之为要"。1940年2月，何泽慧提交了博士论文，5月份通过论文答辩，顺利获得了工程博士学位。

何泽慧的学位证书后来在"文化大革命"期间丢失。1990年7月20日，她赴联邦德国工作访问期间，德国柏林工业大学专门为她补发了博士学位证书。

1940年5月，拿到博士学位的何泽慧第一件想做的事就是尽快回国，为抗击日本侵略效力，她仍希望到南京兵工署工作，想着国难当头兵工署可能不会再因为她的女性身份而把她拒之门外了。然而，德国当时已封锁边境，除非有特许证，任何人不准离开德国。何泽慧到中国驻柏林大使馆（这是她第一次去中国使馆）索要"离德特许证"及路费，使馆的人告诉她："都什么时候了，德国政府早已有规定，不允许任何人离开柏林。"非但不提供"特许证"，还说，"你们女孩子到外国来念个博士，不就是拿来装饰自己而已。"气愤的何泽慧没有办法，只好又回到老教授帕邢的家，熬过了几年战时生活。

▲ 何澄给何泽慧的信（1939年9月27日）

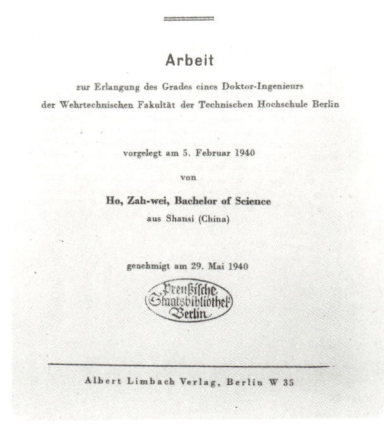

▲ 何泽慧博士论文封面（1940年）

41

▲ 何泽慧在柏林工业大学接受博士学位证书
（1990年7月20日）

▲ 柏林工业大学为何泽慧补发的工程博士学位证书

第六章 拉贝日记的首位中国读者

德国的电子工业闻名世界。西门子公司被称为德国军工工业的"奠基石",从20世纪40年代开始,西门子公司几乎垄断了德国电气设备的生产。当时,许多在德国学习机电的中国留学生都有在西门子工作的经历。为了维持生计,也为了尽可能地学习德国的先进技术,何泽慧请帕邢教授帮忙,推荐她进入西门子公司工作。1940年8月,何泽慧到柏林西门子公司电机厂的物理研究室(弱电流实验室)研究磁性材料,参与研究制造当时世界上最灵敏的电流计,这样每月收入能有二三百德国马克。

▲ 进入西门子公司工作的何泽慧(1940年11月)

西门子公司与德国军事工业关系密切,梳着两条小辫的何泽慧面容清秀,看起来"不像间谍",因此德国工程师和工人们对她很友好,所有车间和实验室都对她不设防。在西门子公司的这段工作经历,训练了她制造仪器的技能,这些技能在她回国后围绕反应堆和加速器制造科学仪器时派上了用场。

何泽慧刚到西门子公司工作的时候,结识了一位重要的朋友——约翰·拉贝先生。早在1909年拉贝就曾来到中国,作为西门子公司的中国雇员，先后在北京、天津担任分公司经理。1931年，拉贝又出任南京分公司经理。1937年11月下旬，日军兵临南京。在南京的国际人士为保护难民，成立了"南京安全区国际委员会"，拉贝被推为主席。12月，日本攻占南京，进行了令人发指的血腥屠杀。拉贝和西方人士一起，在安全区内设立了25个难民收容所，收容近30万难民，仅他租住的院子就收留了600多位附近居民，被称为中国版的"辛德勒名单"。拉贝在与侵略者抗争的同时，还用照片和日记记录下日军的暴行。然而，纳粹政府却认为拉贝在南京的行为有悖于德日之间的外交关系，西门子公司也对他组建安全区的做法不满意。1938年3月，拉贝被迫返回德国。

▲ 何泽慧访问德国时与西门子总裁冯必乐合影（1997年）

▲ 约翰·拉贝（1882—1950年）

到达柏林后，拉贝出任西门子公司总厂的远东人事部部长。由于拉贝到处演讲揭露日本在南京制造大屠杀的惨剧，甚至将报告上书希特勒，结果回德国不到两个月，他就被秘密警察逮捕，日记和照片都被搜走。幸亏西门子公司总裁出面说情，将拉贝保释，但他被禁止做报告、出书。10月，拉贝取回了6大本日记和部分照片。西门子公司此后未再给他安排与他能力相当的职务。

何泽慧在回忆与拉贝的交往时说:"我一到西门子就结识了从中国回来不久的拉贝先生。他当时大约60岁,与中国关系极好,非常喜欢中国人,常请我到他家。有一次,他让我看了他的日记和他保存的南京大屠杀的照片,还向我讲述了他所目睹的南京大屠杀惨状。"拉贝在南京的日记起讫1937年9月至1938年2月,厚厚的6大本共达2117页,照片有80余幅,这些日记和照片深深刺痛了何泽慧的心灵。1950年,康克清等组织中国妇女代表团访日,本来计划安排何泽慧去,但被她拒绝了,她无法谅解日本对中国人的残酷屠杀。

1996年12月,尘封了59年的《拉贝日记》在纽约公布于世,国内也进行了连续的报道。起初,高能物理研究所冼鼎昌研究员在媒体上注意到拉贝,他想到何泽慧曾多次提起一个同名的德国人,便向她谈及此事。何泽慧一时也不相信,但

▲ 何泽慧与拉贝外孙女赖因哈特夫妇合影,正是赖因哈特夫人公布了拉贝的日记(1997年10月15日)

她开始注意相关报道。冼鼎昌一天夜里在电视上看见拉贝的照片，连忙打电话给何泽慧，何泽慧激动地说："我正在看，就是那个拉贝！50多年了，但我一看照片就认识……"

时值日本右翼否认南京大屠杀，极少接受记者采访的何泽慧在研究室姜鲁华研究员的安排下，于1997年3月15日，在高能物理研究所向中日记者宣布："我认识拉贝……我见过拉贝日记和他保存的照片……日本右翼分子企图否认南京大屠杀，但血写的史实是不容抹煞的，拉贝日记就是铁证！""很遗憾我没有与拉贝先生的合影，也没有和他一起看照片的合影来证明我说的一切。"何泽慧说，"要是能预知五六十年后日本右翼分子会否认和歪曲历史，我当时就得拍些照片才是。"

第七章 移居海德堡 转向核物理

国内形势不断恶化，中德关系也从密切合作逐渐降至冰点。出于纳粹利益的考虑，德国在1938年承认伪满洲国，对华禁运军火，并且不再接受军事留学生，撤回在华军事顾问。1940年9月27日，《德意日三国同盟条约》签订，1940年7月，德国政府宣布承认汪精卫伪政府，许多在德国的中国留学生愤而离开德国。12月9日，中国政府宣告与德国断交，而何泽慧仍滞留德国。

1941年的元旦，何泽慧的父亲给帕邢寄去一幅画作，帕邢很快回信，信中赞扬了何泽慧的成绩，同时希望何泽慧在战后回国为国家效力。

1941年，何泽慧仍住在帕邢教授家中，几年的共同生活，他们结下了深厚的友谊，帕邢夫妇待她像对待亲孙女一样。帕邢教授最大的业余爱好是集邮，当时柏林因怕遭到轰炸实行了灯火

▲ 帕邢写给何澄的信（1941年1月12日）

管制，全城晚上停电，门窗都要蒙上，帕邢夫妇和何泽慧三人经常围坐在一支蜡烛下，或道家常，或欣赏帕邢的集邮册，听他一遍一遍讲他的邮票。久而久之，何泽慧也喜欢上了集邮，当时没有条件去购买新邮票，只能将自己喜欢的邮票从信封上剪下来。帕邢家还有一个小园子，里面种了一些蔬菜，战时可以自给自足。何泽慧说，帕邢非常和善，"在德国要是没有他的帮助，我会很困难的。"

此时国内正面战场历经数次会战，抗日力量元气大伤，士气也有所下降。政府偏安重庆，终日面临敌军的轰炸，加之中国与外界的陆路、海路均被封锁。对何泽慧来说，此时若贸然回国，不仅将无所作为，安全风险也很大。国际局势尚不明朗，何澄也不希望何泽慧此时回国。1941年12月，日本空袭美国太平洋海军舰队基地——珍珠港，美国因此对日宣战，太平洋战争一触即发，中国人苦苦等待的国际变局终于出现。1942年1月1日，美、英、苏、中等26个同盟国发布联合宣言，全力与法西斯国家联盟作战。形势逐渐向有利于同盟国的方向发展，中国的国际地位也有所提升。

1943年8月，柏林遭到了猛烈轰炸，西门子公司成为轰炸的目标。在帕邢的帮助下，何泽慧前往海德堡的威廉皇家学院核物理研究所，在瓦尔特·博特教授指导下开始开展核物理研究。

博特教授是德国X射线和核物理领域首屈一指的实验物理学家，他是何泽慧在德国遇上的又一位和善长辈。博特同样邀请她住进家中，待她如亲人。战时生活很艰苦，博特把房前屋后的绿地都种上土豆、西红柿，何泽

▲ 博特教授（1891—1957年）

第七章　移居海德堡　转向核物理

慧还记得她跟博特锯木烤火的情景。能够连续住进当地两位教授的家中，何泽慧说自己运气好。她还特别讲到，"我的这两个老师都不像我的清华老师不重视女生。"

1940年夏，博特和助手根特纳去巴黎检查弗里德里克·约里奥（1890—1958年）建造的加速器。约里奥和伊莱娜·居里（1897—1956年）也被称为约里奥-居里夫妇。两人在合写的文章中分别用原名，但在大众杂志上，他们将两个人的姓用横线连在一起，即约里奥-居里作为两人的合称。当时，约里奥正在建造回旋加速器，但还没有运行。根特纳也曾是约里奥的学生，德军占领巴黎时，德国科研人员知道约里奥从事的工作，于是迅速派兵把守实验室。根特纳被派去监督实验室的工作，但不久纳粹怀疑根特纳同情抵抗运动，命令他返回海德堡。何泽慧的大学同学钱三强当时在约里奥的实验室工作，钱三强与根特纳成了同事。何泽慧于1943年秋到了博特的实验室，也成了根特纳的同事。后来，根特纳惊讶又很高兴地看到，这两个中国同事结为了夫妇。

▼钱三强与何泽慧接待根特纳（前排左二）访问原子能研究所（1974年）

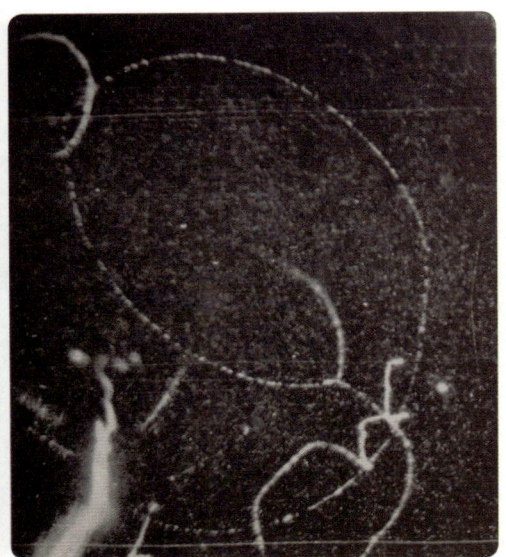

▲ 何泽慧拍摄的两幅正负电子弹性碰撞照片

在博特的实验室，何泽慧建造了第二个带磁场的云室，并利用这一云室研究正负电子的碰撞。正电子是一种反物质，在磁场中偏转的方向与负电子相反。正负电子碰撞后一般会湮灭，没有人注意到有弹性碰撞现象。1945年初，何泽慧从上千张照片中注意到一种近似于"S"形的奇特径迹。经过仔细分析，弄清了这种径迹是正负电子的弹性碰撞。碰撞照片显示正电子均从左下方逆时针进入磁场，与云室气体中的一个负电子碰撞，大部分能量转移给负电子，作顺时针旋转，而原来的正电子速度降低，旋转半径急剧缩小并消失。

实验核物理注重观察，这让何泽慧的敏锐细心恰好有了用武之地，而她在科学实验中不放过任何一点异常迹象并对新现象做出正确分析的本领，在这项研究中已经显露出来了。

何泽慧把云室所拍照片与论文初稿寄给了正在英国布里斯托尔实习的钱三强。

> M. Tsien also showed a scientific curiosity in the form of an expansion chamber photograph obtained by Dr. Ho, a young Chinese colleague. The photograph, taken in a magnetic field, shows a positive electron colliding with an ordinary electron without annihilation in the process; the positron recoils, having given most of its energy to the recoiling negatron.

▲《自然》杂志上的报道（1945年11月3日）

正在英国考察学习的钱三强，于1945年9月在布里斯托尔大学召开的英法宇宙线会议上，代为宣读论文并展示了照片。《自然》（Nature）杂志报道，钱先生展示了一项科学上的新奇事件，这是一位年轻的中国同事何博士拍摄的膨胀云室照片。在磁场中，一个正电子与一个普通电子发生碰撞而没有湮灭；正电子反弹，将大部分能量给了弹出的负电子，并将其称为一项科学珍闻。

▲ 何泽慧在海德堡与老邻居的两个女儿合影（1990年）

第八章 一张节日照片 一段科学爱情

人们说起何泽慧，往往会和钱三强的名字联系在一起。他们在法国居里夫人创建的居里实验室结合，又在那里共同发现了重原子核"三分裂"和"四分裂"现象，受到世界瞩目。那时，他们被称为"中国居里夫妇"。一个流传甚广的说法是，1945年，32岁的钱三强终于鼓起勇气，向远在德国的何泽慧发出了25个单词的法文求婚信，不久何泽慧回信表示同意。这样的浪漫故事最早见于一本报告文学中，但是钱三强和何泽慧均认为这不完全符合事实，更不同意脱离当时的战争实际过分渲染爱情。

两人恢复联系确因战时通信而起。由于太平洋战争的全面

▲ 战时困在巴黎的钱三强（1941年）

第八章 一张节日照片 一段科学爱情

爆发,导致何泽慧收不到国内家人的消息,她只能通过国际红十字会中转25个字以内的信,却一直没有收到回音。1943年,她与美国大姐何怡贞的通信也中断了。1943年5月18日发出的一封信,何泽慧写道:

"你们和家里如何?我挺好的。你有家里的消息吗?一年来,每月通过红十字会写信,到目前还没得到回音。"

尽管这封信显示9月19日收到,何怡贞却无法给何泽慧回信。

万般无奈之下,何泽慧突然想到在法国的钱三强。何泽慧给钱三强写了一封信,大意是她与国内的家人已中断音信很久,询问钱三强有没有办法与国内通信,希望能帮她向亲人转达平安消息。钱三强立即按地址给何泽慧的父亲何澄去了一封信,转告了何泽慧在德国的消息。1943年五六月间,何澄终于等来信件,高兴的他欣然赋诗:"七年不见音书少,消息平安老父心。"7月27日,何泽慧收到了家中父母的消息。何澄还为何泽慧题写了一幅格言:对技术要精细周到,对事物要明快通达,对人要忠厚宽大。

远在异国他乡,深处战争漩涡的两个游子,因此次联系而开始了更深入的交往。何泽慧的来信打破了钱三强平静的内心,也消除了二人相隔七年未见的生疏感。钱三强脑海中那个秀外慧中、性格沉着刚强的女子的形象也愈见清晰。他们相识于清华园,是物理系的同班同学。何泽慧朴素文静、自强独立的个人品质也给钱三强留下很好的印象。

两人还有着意想不到的交集。曾任北京大学校长的蔡元培,是何泽慧外祖父王颂蔚的门生,少年时期曾在钱三强祖父钱振常的书院中就读。蔡元培与何

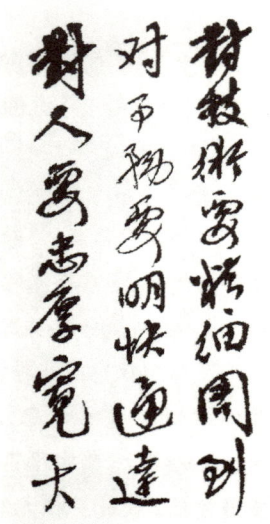

▲ 何澄为何泽慧题写的格言

泽慧的父亲何澄均为同盟会元老，又与钱三强的父亲钱玄同是北大同事。何泽慧就读的振华女校和钱三强就读的孔德学校，蔡元培分别担任校董和校长。钱三强和何泽慧都选择了科学事业，求学海外并自然地结合在一起，姻缘千里也许并非偶然。

他们都曾以学业为重，大学期间都没有考虑感情问题。1940年，他们分别在法国和德国获得了博士学位，却因战争爆发而回国无门。1943年，钱三强担任了法国国家科研中心的副研究员，把全部精力都用在了研究上。何泽慧师从核物理学家瓦尔特·博特教授，研究领域与钱三强越来越接近。共同的报国志向、相近的研究方向，让他们似乎有说不完的话，通信也越来越频繁。

就在新年前一天，12月31日德国的"除夕节"，何泽慧想起了远在法国的钱三强，给他寄了一张自己的照片，背后写着"Eine kleine Erinnerung"（一个小纪念）。

收到照片后的钱三强立刻回信，将自己的照片寄给何泽慧，背面写着"致亲爱的何小姐：您大学同学的一个小纪念，钱三强 1944年1月20日"。

两张小小的照片，迅速拉近了两人的距离。随着盟军在欧洲战场的节节胜利，

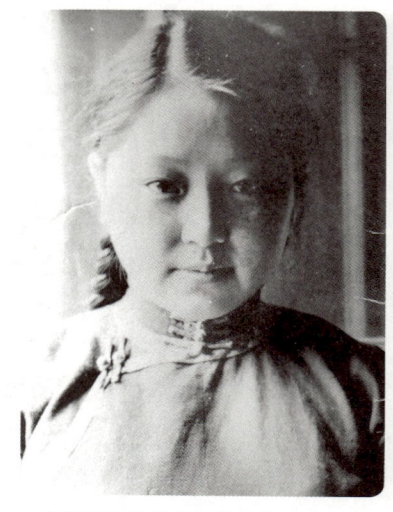

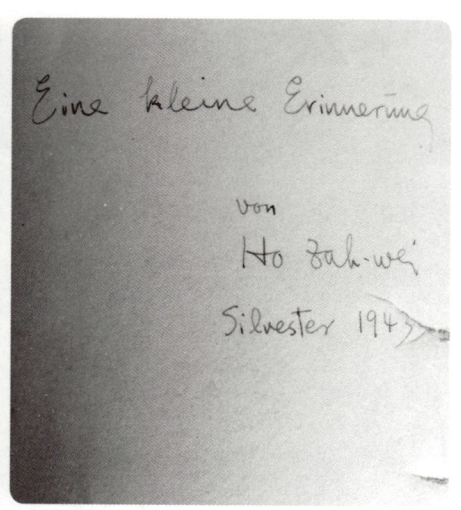

▲ 何泽慧寄给钱三强的照片（1943年12月31日）

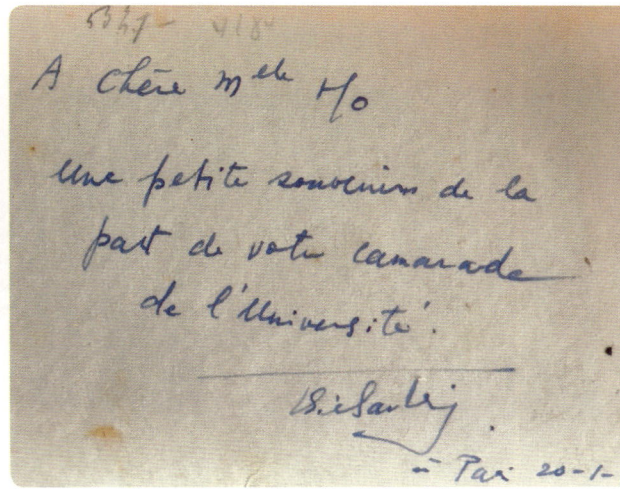

第八章　一张节日照片　一段科学爱情

▲ 钱三强送给何泽慧的照片及背面文字（1944年1月20日）

　　1944年8月巴黎解放，1945年3月底美军占领海德堡，博特的实验室被查封，何泽慧被限制离境。5月德国投降，8月日本投降。举世欢腾之际，两人的爱情也逐渐升温，钱三强立即向何泽慧求婚，将"两人的未来生活及工作"完全联系在了一起。

　　在这里，何泽慧表现出了她传统的一面，她让钱三强写信给美国的大姐何怡贞，征求意见。1945年9月10日，钱三强给何怡贞写了一封长信，把两人将要结婚的消息告诉她，并恳求同意和转告父母，附言还提供了自己的简历。何怡贞早就对两人的恋爱关系有所耳闻，当即复信表示赞同，并将信转寄远在苏州的父母。12月，在北平的何澄收到何泽瑛转来的这封信，非常高兴，回复何怡贞："慧处情形使余无过虑矣。"

　　摆在何泽慧面前的首要问题，是如何尽快离开美军占领下的海德堡。在约里奥的帮助下，何泽慧获准前往巴黎与钱三强见面。临行前，海德堡的同事根特纳

▲ 钱三强写给何怡贞的信（1945年9月10日）

第八章 一张节日照片 一段科学爱情

▲ 何澄给何怡贞的信（1945年12月13日）　　▲ 根特纳向约里奥推荐何泽慧的信（1945年11月30日）

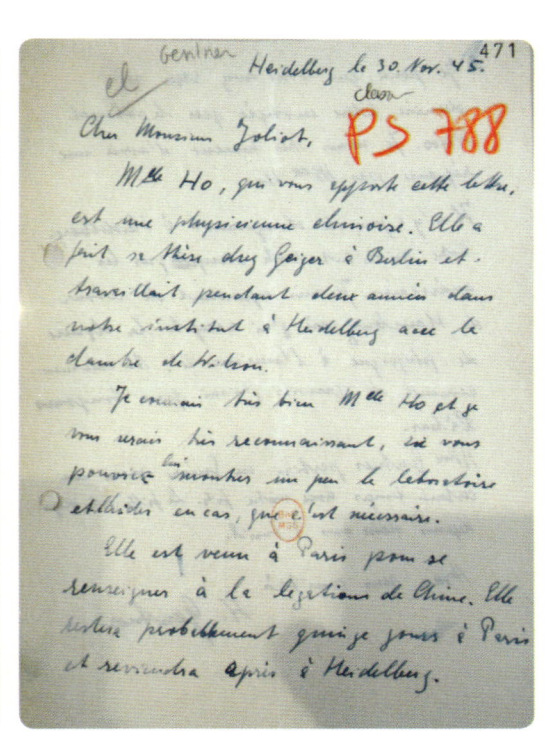

写了一封亲笔信致约里奥介绍何泽慧的工作："带这封信给您的何小姐，是一位中国物理学家，在柏林由盖革指导完成博士论文，并在我们海德堡的研究所利用云室做了两年研究。"12月8日，当提着一个小箱子的何泽慧出现在钱三强居所门前时，让钱三强惊讶不已，这反映了何泽慧雷厉风行、干脆利落的行事风格。约里奥表示，只要何泽慧能来巴黎，他的实验室愿意接收，并提供资助。

短暂的巴黎之行结束后，何泽慧返回海德堡结束那里的工作。1946年3月，她离开了这个学习和工作了十年的国家，前往巴黎与钱三强相聚。博特教授交给她一封写给约里奥的信，表达感谢和推荐："您这么友好地愿意为博士何小姐提供一个在您那里工作的机会，为此，请接受我最真挚的谢意。我深信，她被您的研

57

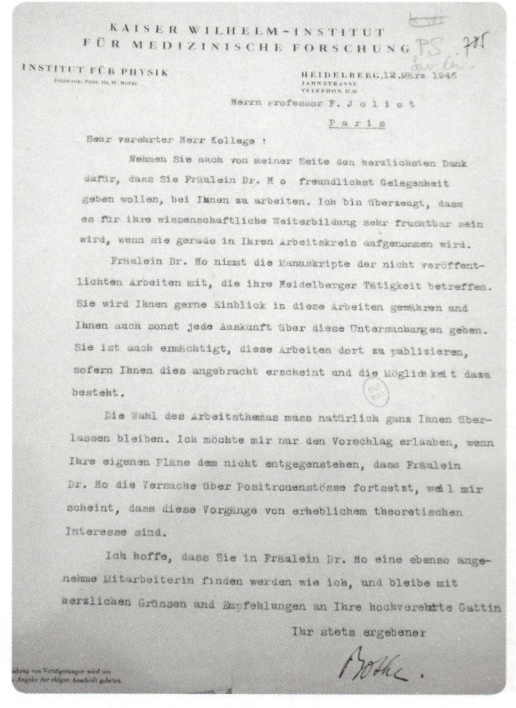

▲ 博特向约里奥推荐何泽慧的信（1946年3月22日）

▲ 何泽慧在巴黎（1946年）

究队伍所接纳，这将十分有益于她进一步的科学训练。"

1946年4月8日，何泽慧与钱三强到巴黎的中国驻法国大使馆办理了结婚手续。当晚，在巴黎西南郊区莫东的"东方饭店"举办了简朴而隆重的结婚晚宴。一向朴素的何泽慧穿上了出国前家里为她准备的红色丝绸旗袍，更加显出东方女性的秀丽端庄。

最令婚宴增辉的无疑是约里奥-居里夫妇的双双出席。席上，约里奥先生发表了热情洋溢的讲话："钱三强先生和何泽慧女士，都是学原子核物理的，这种结合，将来一定会在科学事业中开花结果。大家都知道，居里先生和夫人，开了一个先例；我和伊莱娜也受了'传染'，我们感到这种'传染'对科学是非常有利的。"

婚后，何泽慧和钱三强一起，在法兰西学院原子核化学实验室和居里实验室从事原子核物理的实验研究，开始了共同的科学生涯。此时的他们都已储备了一定的科研经验与能力，

第八章 一张节日照片 一段科学爱情

▲ 钱三强与何泽慧的结婚照（1946年）

Mademoiselle Ho Zah-Wei,
Monsieur Tsien San-Tsiang,
ont l'honneur de vous faire part de leur mariage
qui a eu lieu le 8 Avril 1946, à Paris.

5, Sentier des Blanes, Meudon (S.&O.)

▲ 婚宴请柬

▲ 钱三强、何泽慧婚后在巴黎莫东的住所前留影（1946年）

▲ 钱三强、何泽慧在巴黎公园（1947年）

成为可以独立从事研究工作的科研人员，加之相互合作扶持，两人在科研上迎来了硕果累累的时期。有趣的是，何泽慧和钱三强与约里奥和伊莱娜两对夫妇的个性非常相似，钱三强与约里奥都很健谈，喜欢参与政治活动，而何泽慧与伊莱娜则比较朴实、不善言辞、不好应酬、不问政治、敢于直言。

第九章 科研舞台 初露锋芒

在何泽慧看来，婚后的生活"安闲而愉快"，由于住所离法兰西学院有段距离，每天乘火车去实验室。夏天还有三个半月的假期。

1946年7月，钱三强与何泽慧两人共同赴英国剑桥，参加22—27日举行的英国物理学会和卡文迪许实验室联合举办的国际基本粒子与低温会议，这是战后首次举办的国际科学大会，各国学者云集，海外的中国物理学家也难得聚首。钱三强和何泽慧见到了从美国赶来的周培源、吴大猷、胡宁，来自英国的彭桓武、胡济民、梅镇岳，八人在剑桥合影留念。

剑桥会议上，何泽慧关于正负电子弹性碰撞的研究报告获

▲ 部分中国物理学家在剑桥合影（左起胡济民、梅镇岳、胡宁、彭桓武、周培源、何泽慧、钱三强、吴大猷，1946年7月）

第九章 科研舞台 初露锋芒

▲ 钱三强、何泽慧夫妇与周培源、王大珩在剑桥（1946年）

▲ 何泽慧与伊莱娜·居里在剑桥（1946年）

准在会上宣读，并被作为唯一一篇中国学者的论文载入会议报告文集，题目是"正负电子的弹性碰撞及正电子的湮灭"。为了表示对科学的共同追求，她再次请钱三强代为宣读。大家看了钱三强投影的照片和所作的介绍，对所记录的正电子与负电子相遇而不湮没的现象，都感到新奇。

在这次会议上，卡文迪许实验室的两个青年格林和李弗西报告了他们利用核乳胶研究核裂变的实验，展

61

示了裂变碎片在乳胶内留下的径迹照片。格林和李弗西展示的照片中，裂变的两个碎片方向相反，径迹呈一直线。中间部分黑而浓密，两个末端的银颗粒比较稀疏，短粗的径迹为两个裂变碎片的反向运动，细长的径迹被解释为其中一个碎片的二次分裂。照片中偶尔会出现三叉形状的径迹，他们一带而过，认为是裂变产物放射的 α 粒子。

钱三强敏锐地注意到了这个问题。早在1939年，他就参与过约里奥的核裂变研究，当时科学界对这一领域的认知还不甚清晰，他怀疑存在原子核三分裂的可能性，萌发了对此深入研究的兴趣。这次从剑桥回到巴黎后，钱三强立即动手，与两位法国助手沙士戴勒和维涅龙共同开展实验，首先标定依尔福公司出产的

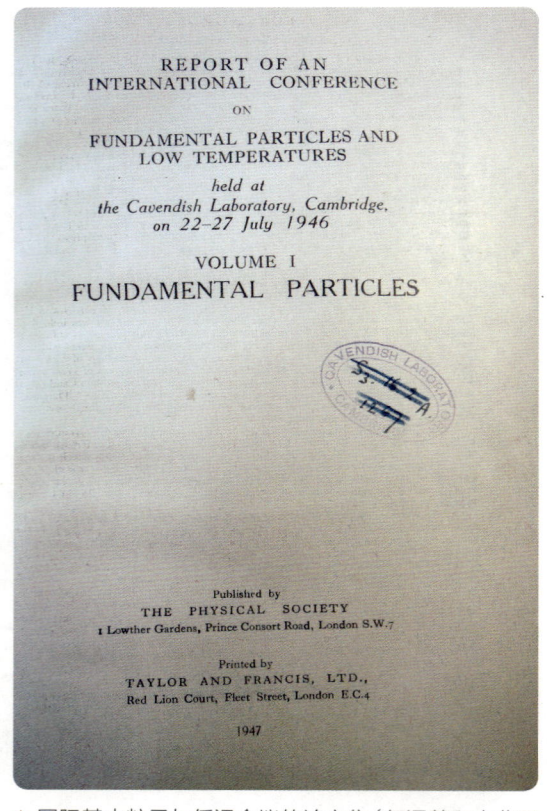

▲ 国际基本粒子与低温会议的论文集（何泽慧和李弗西的论文均在其中）

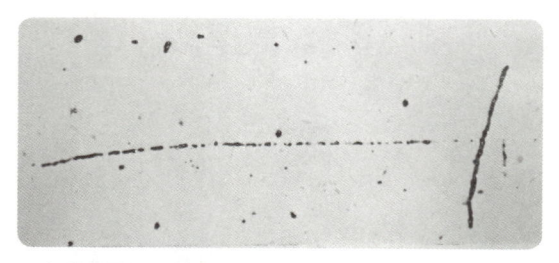

▲ 李弗西展示的径迹照片（1946年）

新型核乳胶，从而可以通过测量径迹的长度和颗粒密度来确定粒子的质量和能量。何泽慧原本在使用约里奥的云室继续做正负电子弹性碰撞的研究工作，不久后她

也加入钱三强的小组。在这个小组里，何泽慧接触到了核乳胶，改进核乳胶的制作技术后来成为她的一个重要研究领域。

核乳胶也是一种记录带电粒子径迹的工具。它比一般的照相乳胶层厚、密度大，当带电粒子穿过核乳胶层时，可使其径迹上的原子发生电离并在照相底板上形成潜像（肉眼无法看到的影像），经显影和定影（使用相关技术使影像显现并固定下来的过程）后可显示出粒子的径迹，从而可以在显微镜下进行测量。

核乳胶研究铀原子核的裂变，就是把乳胶片在硝酸铀酰溶液中浸泡几分钟，再送到回旋加速器上用快中子或热中子进行照射，等积累到一定的裂变径迹以后，就将其显影和定影，最后用显微镜观测。

原子核乳胶里的径迹很细微，一般只有20多微米长（约头发丝直径的三分之一），要在放大一千倍的高倍显微镜下进行观测。为此伊莱娜将实验室里最好的显微镜提供给他们使用。乳胶层的厚度是40微米，要观测的径迹分布在乳胶层的不

▲ 何泽慧和钱三强一起做铀核分裂实验（1947年）

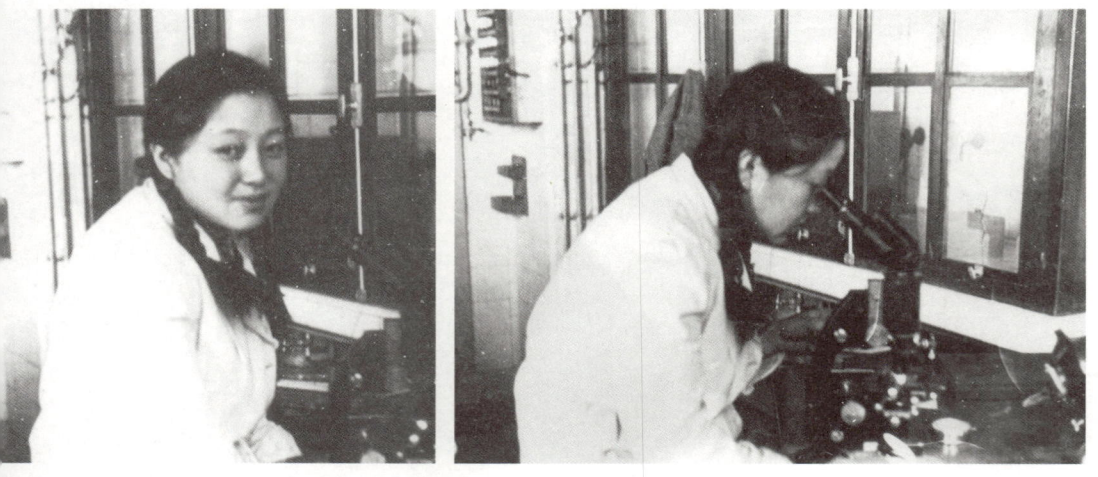

▲ 何泽慧在法兰西学院的核化学实验室用高倍显微镜寻找粒子径迹（1947年）

同厚度中，需要精细地转动显微镜旋钮以调节镜头的垂直位置，把焦点对准乳胶层的各个深度，逐一进行观察。水平方向上，是在显微镜的镜台上将载有核乳胶的玻璃片从左到右缓慢平移，一个视野一个视野地观察，然后在前后方向上移动一格，再逐个视野扫描，这样一点一点把整个乳胶片内所有的径迹都观察一遍。

做这种观测工作是很辛苦的。长时间集中注意力于镜下观察，不但眼睛疲劳引发头痛，而且身体长时间固定一种姿势也会疲惫不堪。在暗淡的视野里搜索那些令人捉摸不定的径迹，没有足够的耐心和恒心，没有敏锐细致的观察力，是无法完成的。

钱三强在回忆中说，两个法国青年耐心不够，找到的较少。而何泽慧参加之后，耐心细致过人，不放过任何一条径迹，于是她找到的最多。初次实验他们就观察到大量的裂变径迹，其中也找到一些三叉形状的。初步观测的胜利让大家很兴奋，但研究才只是刚刚开始。三叉形径迹只是现象，要弄清楚究竟是不是真正的三分裂，还要经过一系列严格的、更加艰苦的实验和分析。此后何泽慧与钱三

第九章 科研舞台 初露锋芒

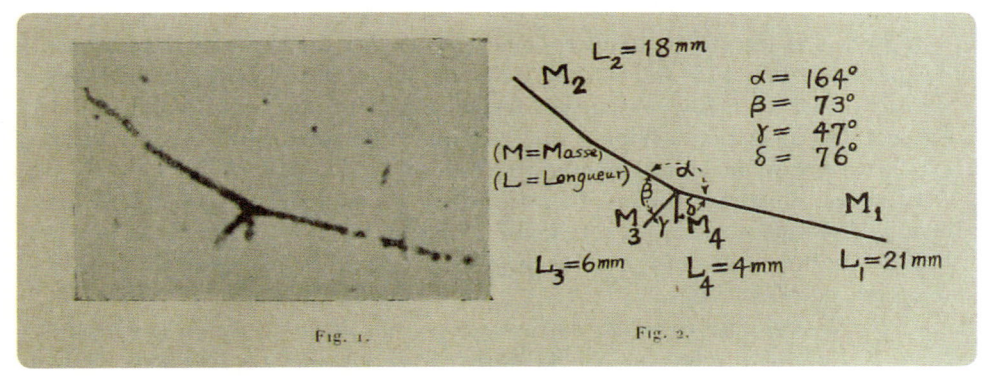

▲ 何泽慧在《法国科学院周刊》上发表"铀四分裂的实验证据"（1946年）

强又观测到其他一些实验事实，经过分析论证，他们在法国科学院周刊上公布了三分裂的研究结果。

1946年11月22日晚上，何泽慧在用显微镜观察照射后的C2核乳胶板时，发现了一个四分叉的径迹，几乎在同一个平面上。次日，经与钱三强分析讨论，认为是首例四分裂现象。钱三强看到并确定这一事例后，立即将照片送给老师约里奥-居里夫妇，并在照片右上方写道："献给我们的导师约里奥-居里夫妇；钱三强，何泽慧；巴黎，1946年11月23日。"照片下方则是：俘获一个慢中子引起的铀的四分裂。12月23日，以何泽慧为第一作者的"铀四分裂的实验证据"发表。

三分裂与四分裂的发现得到了约里奥-居里夫妇的坚定支持。1947年春，约里奥在巴黎召开的一次国际快讯会议上公布了这项发现，第二天就有记者上门访问，三分裂和四分裂的发现自此为各国科学界所知。我国国内的《妇女月刊》也以"我国女科学家发现铀之新分裂"为题进行了报道。米高梅公司的大片《镭的发明史：居里夫人》1946年在上海上映，国内核物理热正在悄悄升温，有的文章还将钱三强和何泽慧誉为"中国居里夫妇"。

四分裂的发现还给何泽慧带来一个意外的收获。1946年11月，李书华（北平

65

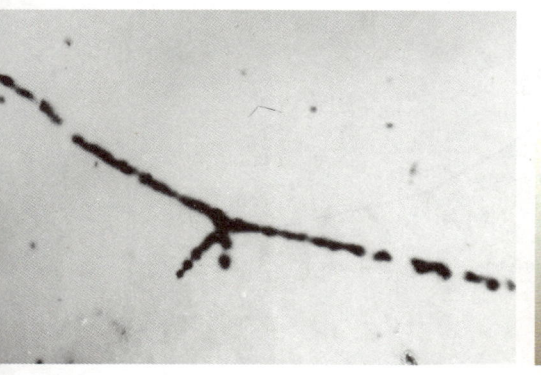

▲ 钱三强寄给鲍威尔的四分裂照片及题字（向鲍威尔博士致以最深的谢意！首例铀核俘获慢中子产生的四分裂，11月22日发现于巴黎法兰西学院核化学实验室。注意何泽慧的名字在前）

研究院副院长）、竺可桢（浙江大学校长、中国科学工作者协会主席）、赵元任等来到巴黎，参加联合国教科文组织的第一次大会。12月12日，钱三强、何泽慧夫妇陪同李书华、竺可桢、赵元任等参观巴黎的各实验室，在约里奥的核化学实验室，两位向客人展示了四分裂工作。竺可桢在日记中写道："钱三强夫妇近得照片，证明以中子打铀，可分成四瓣，已由钱太太证明，实为重大发现，最近将登《法国科学院周报》。据钱云，约里奥已允将该室建设的全部蓝本送给他，以备在中国设立研究机构。"

战后国内各大学术机构掀起"原子热"，北平研究院早就有建立原子学研究所的计划。尤其听到约里奥愿意提供实验室建设的蓝本（当时接触的美国、印度等都向中国保密），李书华当即聘请钱三强为原子学研究所所长，何泽慧为专任研究员。1947年1月1日，钱三强在法国《原子》杂志上发表科普文章"1946年11月22日法兰西学院的一项发现——铀裂变的新方式"。作者简介透露了夫妇二人的工作安排，钱三强、何泽慧夫妇不久将回中国，继续从事核物理研究，两人一起组建北平研究院的一个研究所。何泽慧成为北平研究院原子学研究所的唯一专任研究员。钱三强答应清华大学的聘任在先，因此只能兼任北平研究院原子学研究所的所长。

1947年夏，钱三强完成了铀核三分裂的机制研究，并升任法国国家科学研究中心的研究导师。11月20日，何泽慧与钱三强的长女钱祖玄出生，因孩子出生年比祖父钱玄同整整差一个甲子（60岁），钱三强为纪念父亲，便给孩子取名"祖玄"。

▲ 钱三强在法国《原子》杂志上发文的作者简介（1947年）

钱三强与何泽慧对于回国有着坚定的想法："我和泽慧都很清楚，继续留在巴黎，对自己的科学工作当然是十分有利的；回到贫穷落后、战火纷飞的中国，恐怕很难在科学实验上有所作为。不过我们更加清楚的是，虽然科学没有国界，科学家却是有祖国的。正因为祖国贫穷落后，才更需要科学工作者努力去改变她的面貌。我们当年背井离乡、远涉重洋到欧洲留学，目的就是为了学到先进的科学技术，学成后报效祖国。我们怎能改变自己的初衷呢？应该回到祖国去，和其他科学家一起，使原子核这门新兴科学在祖国的土地上生根、开花、结果。我们渴望着回到离开了十年之久的故土，决心为祖国的富强、进步，贡献自己的力量。"

1948年4月中旬的一个周日，钱三强与何泽慧来到约里奥-居里夫妇的家中辞行。伊莱娜送给他们两句临别赠言："要为科学服务，科学要为人民服务"。4月底，他们离开巴黎前往马赛，5月2日，钱三强、何泽慧夫妇二人抱着不满半岁的女儿，一家三口登上了回国的轮船。

▲ 何泽慧、钱三强与钱祖玄在巴黎卢森堡公园（1948年4月）

▲ 何泽慧与钱三强、钱祖玄在归国轮船上（1948年）

第十章 白手起家核物理

1948年6月10日,钱三强与何泽慧一家抵达上海,此时距何泽慧出国已近12年,弟弟何泽诚前来迎接。因行李被扣,需北平研究院出面与海关交涉。位于上海法租界武康路395号的镭学研究所,当时的主持人陆学善(1905—1981年)的夫人王守瑢是何泽慧的表姐,于是钱三强接受陆学善的安排,一家人暂住几日。

▲ 北平研究院时期的何泽慧(1948年)

▲ 陆学善与王守瑢(1976年)

钱三强、何泽慧回国的消息让学界掀起涟漪,中央研究院、中央大学,以及政府部门的演讲邀约不断,钱三强也借机与师长、朋友见面,在上海、南京等地盘桓月余。

何泽慧因照顾钱祖玄,正好回苏州老家休养。"全家十口今留几,二老膝前瑛一人。"战时的何家兄弟姐妹除何泽瑛在父母跟前外,其余都流散各地。"八年离乱发成银",听到子女安好的消息,何澂总是欣喜不已。何泽瑛家中有一本老相册,在何泽慧的照片旁何澂写道:"民国三十年(1941年)自柏林寄来,刻安居海德堡皇家研究院。大轰炸后尚能免于难,老怀甚慰矣。民国三十三年(1944年)真山识。"虽抗战胜利在即,国内形势却并没有很大改善,一向知足达观的他,对国家的前途命运充满忧虑。1946年5月11日,就在何泽慧婚后月余,何澂因患脑血栓在北平离世。

回到苏州十全街的老家,见到母亲和弟弟妹妹们,高兴之情不难想见。灌木楼是一幢两层小楼,在楼的前方两侧,曾各有一处房屋,钱三强与何泽慧就住在里面。

▼ 北平研究院镭学研究所与药物研究所旧址(陆学善一家住在顶楼上,为保护研究所财产作出了重要贡献)

▲ 何泽慧（抱钱祖玄）与何泽瑛在苏州老家（1948年）

当时的中国女科学家非常少见，上海的《妇女》杂志专程找上门采访，将何泽慧誉为"成长中的中国居里夫人"。何泽慧讲起她的求学经历，以及发现铀核三分裂和四分裂的经过，她说："中国人并不是不能有所发明的，相反地，在做实验或其他的工作方面比外国人聪明灵活，问题在于需要政府提供很好的工作环境和完备的实验室。"对于自己为何选择从事令人瞩目的原子科学研究，何泽慧坦承完全是通过逐渐地接触，"氛围与兴趣"使然。作为女性，她认为"妇女学科学者能力智力各方面并没有什么困难"。

尤其难能可贵的是，何泽慧明确反对将原子能用于核武器："当初也没有想到十年后的原子能竟做了杀人的武器，早知如此真是不该念了。"

清华大学梅贻琦亲拟电报至苏州何家："苏州十全街151号何宅转钱三强先生，盼早日来校并示行期。"北平研究院的李书华、严济慈也来函催促。何泽慧与钱三

▲ 何泽慧与何泽瑛（中）在苏州老家（1948年）

强于1948年8月21日乘船北上。

  由于核物理在国家安全和国际政治中的重要性，国内科学界虽然有发展核物理的热潮，北平研究院也专门成立研究所虚位以待，但国民党在大陆的统治已岌岌可危，不可能制定大规模的研究计划，经济条件的恶化也使得科学研究举步维艰。因镭学研究所的结晶学及X射线学部分已迁上海，改组为物理学研究所结晶研究室，留在北平的原子研究部分成立了原子学研究所。1948年9月，原子学研究所正式成

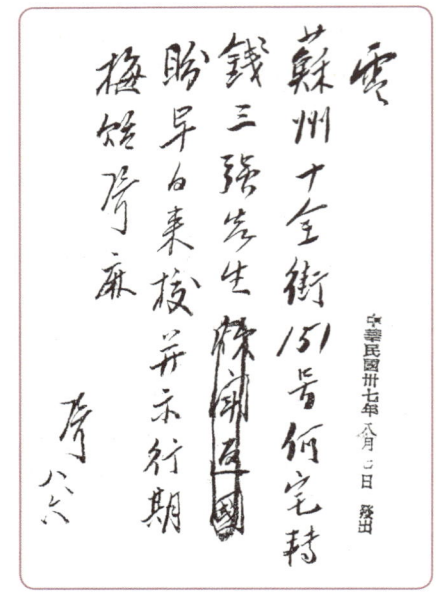

▲ 梅贻琦亲拟的催促钱三强到校电文（1948年）

立，何泽慧任北平研究院原子学研究所专任研究员，钱三强兼任所长。

然而，时局已经注定原子学研究所难以有所发展。钱三强的原子学研究所除何泽慧外，只有助理员杨光中，以及1名技工和1名事务员，10月份增聘了女技术员黄静仪。添购的仪器设备约值4500美元，但有一小部分因美国不准出口而无法运到。中法教育基金项目补助的1万元，只能存在美国待用。

国民党政府统治的最后时期大量发行纸币，货币贬值、物价飞涨，通货膨胀问题愈演愈烈，研究院每月发给研究所的科研经费只够买十几只真空管，实在是杯水车薪。为了置办做实验的仪器，钱三强与何泽慧骑着自行车大街小巷跑旧货摊，还从天桥旧货市场买回来一台旧车床，自己动手制作一些简单仪器，但这何尝不是当时科学界的普遍情况。何泽慧在2006年接受中央电视台《大家》栏目的采访时说："那时候什么仪器也没有，到街上旧货摊上去买东西，连一个钳子都要现买。我觉得倒挺有兴趣的，自己动手解决问题，觉得好像也没什么能难倒我的。"何泽慧对此其实是有充分思想准备的，正如她所说："我们早知道国内的情形，回来并不是来享受的，而是来吃苦的，希望在自己国家的环境里，领导本国的青年做一些事。"

在此期间，何泽慧的工作主要是制定最新的放射性元素表。由于放射性元素每月都有新发现，何泽慧就收集最近数年发表的资料来制表，并整理在欧洲工作期间的论文。钱三强除了在清华授课，还在中法大学开授原子核物理学课程，为将来储备人才。

何泽慧与钱三强在我国核物理方面微薄积累的研究基础上，主持北平研究院原子学研究所这一当时国内仅有的专门核物理研究机构，可以说为我国核物理的发展播下了宝贵的种子，也奠定了他们在我国核物理事业中的地位。

1949年1月31日，北平和平解放，北平研究院被人民政府接管。由于钱三强社会活动繁忙，何泽慧常常代替他出席院务会议。当时的院务会议深刻反映时代变化的情况，院务会议不再只有各所所长参加，加入了助理员、工友等团体的代表。9月23日，何泽慧和钱三强的第二个女儿出生了，因正值钱三强参加人民政协会议，故取名"民协"，以作纪念。

▲ 何泽慧和钱三强（抱钱祖玄）与母亲徐婠贞（1949年）

1949年11月，中国科学院正式成立，先后接收原北平研究院和中央研究院各研究所，1950年5月，中国科学院近代物理研究所在原子学研究所的基础上成立。自此，钱三强更多地投入科学组织管理的工作，何泽慧始终在科研第一线，将他们的研究工作延续了下去。

1953年10月，近代物理研究所合并了电子学研究所筹备处及数学研究所的电子计算机部分，改名为中国科学院物理研究所。1958年，中国第一台回旋加速器和重水反应堆相继建成，标志着我国跨进了原子能时代，中国科学院物理研究所改名为中国科学院原子能研究所。

早在中国科学院接收原子学研究所前后，钱三强与何泽慧就有致力于发展原子核科学的设想，把扩充人才当成首要任务。何泽慧与钱三强一道，先后说服彭桓武、王淦昌来到北平,又说服在上海的吴有训担任后来的近代物理研究所所长。经过几个月的扩充,到近代物理研究所成立前,全所发展到15名成员。所内具体工作主要由何泽慧、彭桓武两人分管,彭桓武主持理论部门,何泽慧主持实验部门并领导事务性工作。我国核物理事业几近白手起家,从寻购器材甚至是设计自制仪器开始做起。

那时的何泽慧极其简朴,穿着半新不旧的衣服,毫无修饰,头发有时也无暇梳理,每天骑着一辆旧自行车上下班。何泽慧回国后的第一篇论文发表于1951年,是整理她在巴黎法兰西学院原子核化学实验室的工作,题为"铋、铅、铂、钨等元素被 21 Mev 中子打击时的分裂截面的最高限度"。但是,国内的实验条件不允许她继续国外的研究,她的主要工作只能转向更为基础的核乳胶的制备。

近代物理研究所的各项工作刚刚准备开展,就因朝鲜战争爆发、"思想改造"等接连不断的政治运动而受到影响。尽管如此,何泽慧仍一如既往地保持自己的冷静、认真,将重心放在科研工作、领导实验和培养人才上。

何泽慧在近代物理研究所成立后的主要研究任务有两个,均为核物理与宇宙线研究的准备工作。一是继续1949年12月开始的试制照相乳胶工作,研究人员仅杨光中(1950年11月去东北工作而离开)和陆祖荫,女助理研究员王

▲ 何泽慧抱钱祖玄、钱民协在中国科学院第一宿舍家中(1950年冬)

树芬后来加入，困难主要是国内不能完全买到研究所需的化学药品，质量优良的乳胶亦不易购买，质子源也无从获得；二是从1950年5月开始指导金建中和肖振喜装置自由膨胀式云雾室，10月云雾室的照相设备安装好并能得到比较清晰的电子轨迹，11月完成云雾室的自动控制气压器，利用云雾室可以研究正电子与负电子的散射问题。这一年何泽慧承担的工作还包括对"原子炸弹轰炸效果及防御办法"的研究。

1954年1月，近代物理研究所迁到

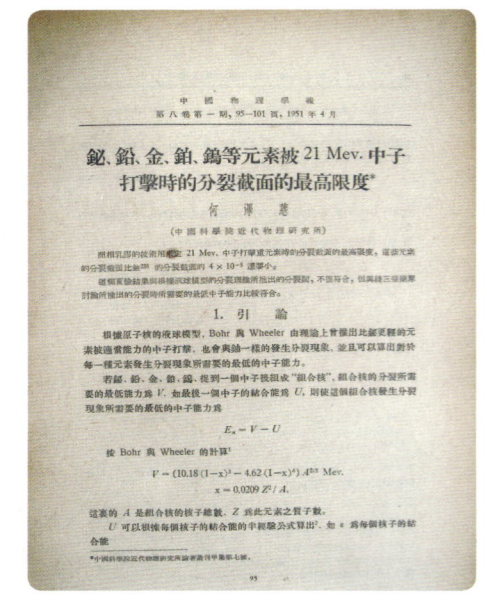

▲ 何泽慧在国内发表的首篇论文

▲ 何泽慧与彭桓武（左）、黄祖洽（右）回到东黄城根（2000年）

了新址——中关村新建的物理大楼（也称原子能楼）。这座从1951年就开始设计建造的大楼是中国科学院在中关村建设的第一座大楼，日后的"科学城"就从这里崛起。何泽慧全家也搬到了专门为高级知识分子修建的宿舍楼，也称特楼。何泽慧家位于14号楼二单元二楼左侧，自此未再搬家。

▲ 何泽慧在特楼前（1999年）

第十一章 从零开始：制备核乳胶

20世纪50年代初，是我国核物理的基础研究时期。何泽慧最初为"照相版组"组长，领导研制核物理研究必备的核乳胶。不久即负责研究所四个大组之一的"原子核物理组"，走向了核物理研究的关键岗位。经过数年的努力，1956年制成了对质子灵敏的核乳胶，同时开展了一些核物理的初步研究，并培养了一批年轻的科研人才。

▲ 何泽慧（1954年）

粒子的运动速度非常快，它们在有限的云室中运动的轨迹只占完整轨迹的很小一部分，因而通过云室只能记录片面的现象。云室的这一局限性催生了核乳胶的出现。乳胶是固体，其阻力是空气的几千倍，高能粒子在空气中的射程是几米的话，在核乳胶中只有几毫米，这样就可以在小体积范围内呈现出一个复杂现象，因此核乳胶是核物理研究的得力工具。尤其是英国布里斯托尔大学的鲍威尔教授与依尔福公司合作，战后生产出对α粒子和质子都灵敏的C2乳胶。

近代物理研究所最初使用的核乳胶还是杨澄中、戴传曾从国外带来的依尔福公司的C2乳胶，当时苏联和民主德国已经成功制造核乳胶，美国也有出售。但从国外购买乳胶往往因运输时间过久导致灵敏度降低，因此必须学会制造中国自己的核乳胶。

在近代物理研究所，核乳胶制备全部由何泽慧和助手们完成。核乳胶的工作原理是，当带电粒子通过溴化银晶体时发生电离，银离子还原成银原子，银原子的量积累到一定程度后，就形成了乳胶的"潜影中心"，经过显影就可以还原为银粒。加工处理后的核乳胶，用显微镜可以观察到带电粒子留下的一串断断续续的银粒，这就叫作径迹。与一般照相乳胶相比，核乳胶的特点：一是溴化银的浓度大大提高，从20%增加到80%；二是溴化银颗粒要缩小，从几微米缩小到零点几微米，提高核乳胶的分辨率；三是加厚，一般的照相乳胶只有几微米厚，而核乳胶最厚达600微米。

在何泽慧的直接领导下，经陆祖荫、杨光中、王树芬近三年数十次的试验，积累了不少经验。不久，杨光中参军，王树芬调俄专学俄语，孙汉城加入。起初做一锅核乳胶要三个人同时操作。第一道工序"乳化"，将盛有明胶水溶液的烧杯放在45—50℃的恒温水浴中，何泽慧手持特殊形状的玻璃搅棍不停地搅动，陆祖荫拿一个内盛溴化钾水溶液的玻璃滴管，孙汉城拿一个内盛硝酸银水溶液的玻璃滴管。在有暗红灯的暗室中，三人都听一台节拍机的指挥，每响一下，何泽慧的搅棍转一圈，陆、孙各按一下滴管的橡皮球，溴化钾与硝酸银各滴下一滴。溴化银微晶体形成后，有明胶的保护，这些微晶体悬浮在溶液中，不易沉淀。

不久，陆祖荫改进了设备，巧妙地用有旁路进空气泡的玻璃管代替原用滴管，进气量由打破的一小段温度计的毛细管长短来调节，搅拌也改用了电动马达。此后制备乳胶就由一个人操作了，解放了何泽慧。她负责指导与讨论，用显微镜仔细观察乳胶，把好质量关。

何泽慧和陆祖荫、孙汉城两个助手就这样从零开始摸索制备乳胶。几位物理

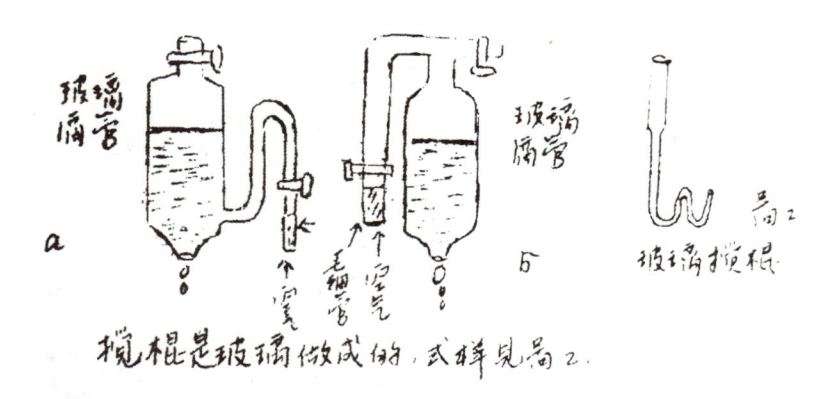

▲ 陆祖荫手绘的"乳化用滴管与搅棍"示意图

学家承担起了化学家的工作,边干边学。在极为简陋的设备条件下,何泽慧小组在1953年做出了灵敏度可与C2相比的核乳胶,但是溴化银颗粒会发生聚沉,还有待改进。在她的严格把关下,逐一解决问题,1956年制成对质子、α粒子及裂变碎片灵敏的原子核乳胶核-2和核-3乳胶,该项工作获得了1956年度中国科学院科学奖金(自然科学部分,该次颁奖被追认为首届国家自然科学奖)三等奖。获奖人是何泽慧、陆祖荫、孙汉城。

为了能够探测不带电的中子,进行中子物理研究,何泽慧又领导研制了核-2载硼和核-2载锂乳胶,即分别加入含硼或含锂的溶液,利用它们与中子的反应产生带电的粒子进行探测。我国的这两种乳胶也有特点,硼锂含量比国外的要高,保存时期也比较长。它们在中子物理实验,特别是在测量原子弹的点火中子源时发挥了作用。

此后,何泽慧从培养人才的角度考虑,不能让年轻科学家一辈子制造工具,还应该开展研究,因此安排陆祖荫转向核物理实验。孙汉城则"继续奋斗",把对电子灵敏的核乳胶做出来,这包含了何泽慧对孙汉城的长期规划,打算将来让他

第十一章 从零开始：制备核乳胶

主攻高能物理。

各种带电粒子中最轻的就是电子，电子的能量损耗率比其他粒子都小，在核乳胶中所产生的潜影最少，所以难以记录。从1955年开始，何泽慧与孙汉城、刘惠长着手研制对高能带电质点灵敏的核乳胶，不断提升核乳胶的灵敏度，改进核乳胶的性能。何泽慧敏锐地指出："X射线底片实质上是电子灵敏，有些文章说明X射线胶片用的是金增感，我们可以借鉴试试。"这为提高灵敏度问题指明了方向。1957年，新型核乳胶可以记录电子径迹，经过反复改进，终于制成电子径迹更为明显的核-5乳胶，达到国外同类产品水平。

▲ 何泽慧与陆祖荫、孙汉城共同获得中国科学院科学奖金三等奖（1957年）

▲ 何泽慧在家工作和辅导孩子作业（1957年）

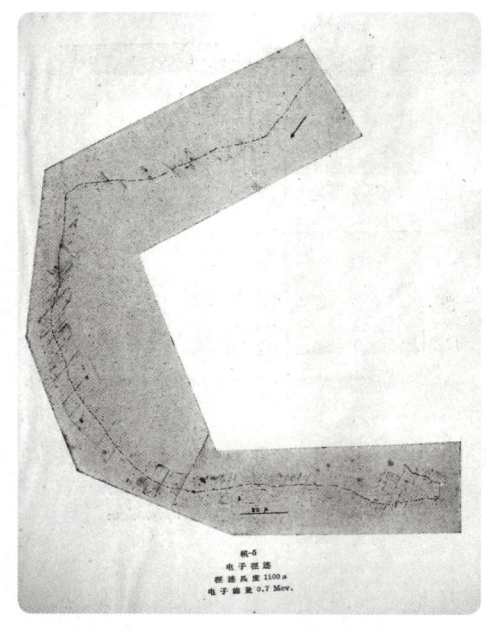

▲ 核-5乳胶记录的电子径迹照片，长度约1.1毫米

1957年5月，以朝永振一郎为首的20名日本物理学家访华，他们参观物理所后总结道："何泽慧领导的只有几个人的小组做出了令人难以相信的事，完成了优良原子核乳胶的制备，现在已投入生产，其质量不低于被英国夸为世界第一的依尔福G5乳胶，对中国的宇宙线学界利益将不知有多大"。他们对何泽慧先生"做粒子活动的实验很钦佩"。进行粒子物理研究的基础就是当时对质子、电子灵敏的核乳胶的研制成功。

2003年12月19日，中国科学院院史工作人员邀请何泽慧院士来到原子能楼旧地。年届九十高龄的她，在各层楼间徒步攀上扶下兴致极浓，与访谈人员共同忆述故人往事。今天，与周边巍峨的群楼相比，这座"共和国科学第一楼"已经完成了历史使命，它见证了中国科学的历史，这段历史不会随着老一代科学家的谢世而烟消云散。当年钱三强、赵忠尧的办公室在一楼，何泽慧的办公室在二楼东南端，北侧对面是制作核乳胶的实验室（暗室），彭桓武、邓稼先、于敏的理论室在三楼，王淦昌的宇宙线室在五楼，由赵忠尧领导研制的V2质子静电加速器仍存藏于该楼西侧。

第十一章　从零开始：制备核乳胶

◀ 何泽慧在原子能楼乳胶实验室忆述往事（2003年）

第十二章 进军原子能

在近代物理研究所的五年计划中，核物理侧重在理论研究方面，这是由于当时我国经济力量还很薄弱，科学技术和工业基础都不能支撑实际应用研究的发展。核工业是一个十分庞大的系统工程，新兴国家想要建立起本国的原子能、核工业体系，仅仅依靠核物理研究工作是远远不够的。首先，铀是核工业必不可少的核燃料，涉及铀矿勘探、铀矿开采与铀的提取等；其次，核工业体系还包括核反应堆的设计与建造、放射性废物的处理、核武器、核电站建设等大规模工程，所有这些工作的组织都需要国家层面的整体考虑和资源配合。

1954年秋，地质部在广西发现了铀矿资源。美国、苏联、法国等国正准备在日内瓦召开原子能和平利用会议，苏联表示在促进原子能和平利用的研究方面，愿意给予其他国家科学技术上的帮助。

在这样的国际形势下，1955年1月中共中央召开会议，听取了钱三强、李四光的报告，做出了发展原子能事业的决定。此次会议意义重大，我国核工业起步于此，核科学技术进入了大发展阶段。三天后，苏联最高领导人赫鲁晓夫宣布，将帮助中国和东欧其他四个社会主义国家开展和平利用原子能方面的研究。中苏两国将在中国境内合作进行铀矿的普查勘探。4月，

▲《原子能的原理和应用》1956年版与1965年版

刘杰和钱三强率领的代表团赴苏联签订协议，苏联帮助中国建设7000千瓦的实验性重水反应堆和直径为1.2米的回旋加速器，并接受我国工程技术、科研人员去苏联考察或学习反应堆、加速器的运行和利用。

中央的决心和有利的国际形势，使得我国的原子核研究工作立即如火如荼地开展起来，全国范围内的原子能科普宣传活动也迅速兴起。以钱三强等人的演讲为基础，出版了《原子能通俗讲话》，发行达20万册。何泽慧和赵忠尧、杨承宗合作撰写了《原子能的原理和应用》一书，于1956年3月由科学出版社出版。

《原子能的原理和应用》一书是面向高中文化程度读者的中级科普读物，深入浅出地介绍了原子能的原理和应用。全书共分十章，前五章是基础知识，首先从物质结构讲到原子核的结构，然后从原子核的相互作用讲到人工放射性和原子能的释放。后五章讲原子能的应用，包括同位素和射线的广泛应用，以及核物理研究的探测器和加速器、有关原子武器的常识等。初版序言中还对苏联帮助中国发展原子能和平利用研究表示"欢心鼓舞"。

1955年10月，钱三强率领临时成立的"热工实习团"赴苏联的热工研究所（即理论与实验物理研究所），参加实验性重水反应堆和回旋加速器的设计审查，同时学习反应堆与加速器的相关技术。实习团由39人组成，副团长为冯麟、力一、彭桓武、何泽慧，其中钱三强全面负责，冯麟负责反应堆方面，力一负责加速器方面，彭桓武负责理论方面，何泽慧负责在加速器及反应堆上进行核物理实验研究的有关情况。

实习团在这个研究所一对一地开展学习。比如他们有一个总工程师，就安排一个人向他学习怎么当总工程师，有一个技术员，就让一个人去学技术员，是物理学家，我们就安排物理学家。工厂也是一样，我们的厂长跟他们的厂长学，我们的车间主任跟他们的车间主任学。

何泽慧负责在加速器及反应堆上进行核物理实验研究，成员有杨桢、钱皋韵、项志遴、罗安仁、黄胜年、顾以藩等，分成两个小组。一组利用反应堆产生的中

▼ 何泽慧与钱三强在列宁格勒（1956年4月）

子，测量慢中子与物质的相互作用；另一组利用回旋加速器上产生的中子，测量慢中子与物质的相互作用。杨桢回忆说：何泽慧先生很可敬，她非常平易近人，我跟她在一起，不觉得她是老师或长辈，完全跟合作者一样，不分彼此地工作，她动手能力很强。"

为了让年轻人尽快掌握核物理，钱三强与何泽慧决定把年轻人组织起来，系统地学习核物理基础理论，就是利用业余时间进行自学，加上讨论、互教互学，一起提高，每周开一次讨论会，每人分一个专题，自己阅读文献，然后在组内作报告，讲给大家听，随时进行讨论，直到弄懂为止。

苏方让代表团内的科学家参观他们的实验室。莫斯科的参观项目很多，如苏联科学院物理研究所等，去的人也比较多。外地则只有几位科学家到过列宁格勒、基辅、哈尔科夫等地。1956年4月，何泽慧、钱三强、刘杰、赵忠尧等人在列宁格勒登上了著名的"阿芙乐尔"巡洋舰。

1956年四五月间，何泽慧与实习团中学习反应堆和加速器上的物理实验的两组人员率先回国。1956年，一些留美、留欧的科学家，如张文裕、汪德昭、王承书、谢家麟等也陆续回国加入近代物理研究所，同时大量学习核物理的留苏学生和著名高校毕业的本科生到近代物理研究所工作，所内生气勃勃。

何泽慧回国后主持中子物理研究室（二室），领导中子物理研究。中子物理与原子能的应用关系密切，在原子反应堆中，中子起着决定性的作用，它维持链式反应，是释放原子能的媒介。研究中子的性质、中子与物质的相互作用，一方面可以为反应堆设计提供必要的物理参数，另一方面可以深入地探索原子核内部运动的基本规律，寻找利用原子能的更多可能性。在研究室，何泽慧领导设备研制，无论是测定基本数据还是开展深入研究都亲力亲为，同时注重下一代人才的培养。何泽慧组织了第一颗原子弹的中子源研制，以及氢弹重要反应截面等参数的测量，

▲ 何泽慧与钱三强（中）、赵忠尧（左）在列宁格勒参观"阿芙乐尔"舰时留影（1956年4月）

同时将核乳胶制备工作继续推进到更高水平，在新中国核武器研究史上做出了自己的贡献。

　　1958年，中国第一台回旋加速器和重水反应堆相继建成，应用自主设计制造的仪器从事核物理应用研究的愿望终于实现了。同年7月，"中国科学院近代物理研究所"更名为"中国科学院原子能研究所"。9月举行了隆重的堆、器移交使用揭幕典礼，典礼由中国科学院副院长张劲夫主持，陈毅副总理剪彩，聂荣臻副总理和郭沫若院长先后讲话，苏联原子能利用总局副局长叶夫列莫夫教授特地从苏联前来参加典礼，中外来宾和全所职工近两千人共同庆祝。次日，《人民日报》在头版头条以"党的领导的胜利，中苏友谊的结晶"为题进行了报道，社论称"我国第一座原子反应堆已正式运转，回旋加速器也已建成。它们的建成标志着我国已经跨进了原子能时代"。

▲ 何泽慧在实验室和图书馆（1957年）

　　随着中苏关系的恶化，苏联拒绝提供承诺的原子弹教材和模型。1959年6月，苏联政府单方面撕毁协议，撤走专家，使我国正在开展的尖端技术项目处于困难境地。中国认识到只能依靠自己的力量进行核武器研究，原子能研究所全力转入支援原子能工业的阶段，不仅输出了大量人才，还承担起繁重的科技攻关任务。

第十三章 人才培养有奇功

何泽慧一贯爱护年轻同志，满怀热情地扶植他们成长，诚恳地支持他们的工作，切实地为他们争取和创造条件。何泽慧相信让年轻人去负责，他们就成长得快。每当年轻人工作上遇到挫折时，总能得到她及时的鼓励和中肯的指点。她以自己的行动作他们的榜样：不计得失，不图名利，襟怀开阔，埋头苦干。

在研究所成立初期，从事科学研究的同时，培养人才也是工作的一个重要方面。何泽慧早期指导过的人员除黄祖洽外，主要还有陆祖荫、肖振喜、王树芬三名助研，孙汉城和周德邻两名实习员。其中，陆祖荫和孙汉城从事核乳胶的制造，肖振喜和周德邻从事云雾室的建造和实验，王树芬利用核乳胶开展实验。

何泽慧敢于放手让年轻人干，同时给予指导和压力。面对需要解决的问题，她和大家平等讨论，不以权威自居，引导和启发年轻人的思路，通过自由争论提高大家的总体认识。孙汉城回忆第一次做核乳胶的调研报告，讲乳胶片的处理过程，何泽慧特意从其他研究组请来在国外用过乳胶的戴传曾和梅镇岳指导工作。孙汉城说，何泽慧对他和陆祖荫比较偏爱："我是她手把手地教出来的，她对我很关心，也是严师。"孙汉城说自己

第十三章 人才培养有奇功

▲ 近代物理研究所合影（前排右三为何泽慧、前排左二为肖振喜、二排左四为黄祖洽、二排左七为陆祖荫，1951年）

▲ 何泽慧与友人在钱三强铜像前（左起杨桢、顾以藩、何泽慧、孙汉城、黄胜年、张焕乔，1994年）

的动手能力开始时比较差,因为做乳胶不能见光,在暗室里面有许多玻璃器皿,粗手粗脚的他,今天把烧杯碰掉了,明天又把搅棍碰掉了。何泽慧用她在德国的经验告诉他:"手里拿个东西,你要想象自己是个老太太,你抱着花瓶走路,要慢慢地走,不能动作太快了,动作一快就要闯祸。"

作为二室的负责人,何泽慧完成国家任务的同时,还要出成果、出人才。每一项工作完成后,她都要求作报告、写文章。不涉密的研究成果,经她修改后送出去发表,她对每一篇文章都认真审阅并提出修改意见,结论性的表述更是十分慎重,不允许出现不确切的说法,有时一篇论文要修改多次才能通过她的审查。即使许多工作从头至尾是在何先生辛勤指导下完成的,她也决不允许在作者栏署上自己的名字,因此大家最多只能在文末向她表示感谢。

何泽慧总会提醒年轻人,科研的目标是创新,思想不要被某些意见框住了,"有些所谓的研究,包括实验和理论的工作,其实只是在技术上(包括理论计算上)有所革新。科学上的创造性,应当根本地表现为提出自己的问题并去解决它,而不只是跟在别人(或文献)提出的问题后面。"

为响应"大跃进",原子能研究所根据形势接连开展了"五一献礼""七一献礼""十一献礼"等科研运动。1958年9月,何泽慧派张焕乔到莫斯科的库尔恰托夫原子能研究所实习,张焕乔当时正在参与建造中子晶体谱仪的"献礼"项目,最初不愿去,去了两个多月,不断收到国内"献礼"的消息,就很想回来参加"献礼"。他给何泽慧写信要求回来,何泽慧有些愠怒,她的回信只有半页纸,直截了当地指出:"你到那儿,主要是学习人家先进的科学研究方法和经验,这个东西是你们年轻人身上不足的,正是你所需要的,也是你身上不具备的。"何泽慧的忠告及时打动了张焕乔的内心,让他冷静了下来。

1960年,何泽慧看到当时不少人受到"大跃进"的影响,对如何进行科学工作有若干不恰当的想法和做法，心里很着急。她找陆祖荫等人商量后，与他一起将德国物理学家博特教授的文章"对青年物理学家的忠告"全文译出，以期为年轻人提供一些警醒和帮助。事实上，她这样做在当时的政治形势下承担了一定的风险。此处做部分摘录，供爱好科学的青少年学习参考。

想法：有些人曾经在一个适当的时机产生了一种想法，从这种想法出发，走向了个人长远的科学活动生涯。在一个人想出的100个想法之中，90个可以证明是无法实现的、不合时机的、无足轻重的，抑或是错误的。可是在余下的10个想法中，总会有一个想法是最有希望、最实际且最容易实现的，人们需要花时间把它找出来，一旦找到，要用全力来实现它。

关于做实验，博特在文章中做出如下经验分享，事实上不仅仅是做实验，它也往往适用于生活中的其他一些事情：

时常会发现原来的计划和目的无法再坚持下去，在放弃这个实验之前，必须要弄清楚为什么它行不通，然后也要有勇气来中断它。即使是可以做得下去的实验，由于为了另一个更基本的目的去改变它，还是值得的。附带说一句，不设法修好损坏了的仪器而简单地送还库房是物理学家该死的罪过。

至于日常规划，同样不仅适用于科学研究，而且可以广泛地应用到我们的学习、生活中：

每天应该安排一个日程表，如果你通常没有按照日程表行事，那么你就应当找出原因。没有日程表，一件工作就会消磨下去而得不到实际的结果。日程表能鼓励人集中精力，防止在枝节的小事上消磨时光。物理学家要有一定程度的休闲，但休闲时也不应忘记思考。

对于年轻人而言，试错不是一件坏事：

从一个不甚合理的想法出发，可能会得到意想不到的结果（做错一些事情比什么也不做要好）。即便是一个"愚蠢"的实验，如果不太耗费时间，也可以去尝试一下。要经常查阅文献，不要因为自己无意中重复了别人的工作而感到无用。即使两个工作者做了同样的工作，也不一定是完全相同的，各人的着重点通常是不同的。

善于记录是博特鼓励青年科学家应该具备的良好习惯：

当一个实验必须暂停、中断或放弃时，须将中断的原因写在本子上。所有记录本都要妥善地保存好，因为当时有些以为是错的东西，可能在过了一段时间甚至许多年后发现它的重要意义。写文章开始的越早越好。

文章最后，博特鼓励青年科学家将兴趣发展为事业：

一般来说，如果不能完全被工作迷住，就最好别做它。每个人不仅要使自己在工作时间内思索工作中的问题，而且在工作时间以外也如此。

博特的这篇文章所总结的科研经验大多体现在了何泽慧的工作中。

1960年秋，张焕乔调到裂变物理组，在何泽慧的领导下开展工作。谈起何泽慧对他的引导和影响，张焕乔说："何先生总是鼓励我们年轻人要勇于进取和创新，不要迷信外国人，走自己的路，要在现实条件不足的情况下想办法做出高水平的工作。"

在她的辛勤培育下，一批年轻人很快扎扎实实地成长起来了，成为我国原子能事业中若干领域的骨干，张焕乔、黄胜年、丁大钊等后来还当选为院士。晚年何泽慧在接受采访时，也不无自豪地说："我教出的一批人，他们做工作就是认真。"尽管何泽慧后来离开了原子能研究所，但她和那里的研究人员的情谊历久弥新。2002年，老同事为何泽慧庆祝了88岁"米寿"。2004年3月，原子能研究院中子物理研究室新老研究人员共同为何泽慧举办了90寿辰庆祝活动，何泽慧欣然前往，受到上百人的欢迎。我们看到那一天的何泽慧异常的开心。

第十三章 人才培养有奇功

▲ 原子能研究院为何泽慧庆祝九十大寿（右为黄胜年，2004年）

第十四章 参与原子弹、氢弹研制

1958年1月,第二机械工业部(以下简称二机部)成立了核武器局,负责核武器的研制和基地建设。7月,二机部又成立了研制核武器的九所。九所要进行的许多研究,原子能研究所都已有一定的基础,而且九所刚成立时,部分骨干人员如唐孝威、胡仁宇等就在原子能研究所二室实习,由何泽慧指导。在何泽慧眼里,两个单位是一家人,不分彼此。

九所成立伊始,负责遴选人才的钱三强,将原子能研究所乃至中国科学院的彭桓武、王淦昌、郭永怀、邓稼先等一大批最优秀的科学家推荐到了九所。对于原来何泽慧手下的人,钱三强也量材而用,推荐了朱光亚和于敏等"大将"。

▲ 何泽慧在中关村与姐姐何怡贞、妹妹何泽瑛合影(1960年)

▲ 何泽慧与彭桓武在钱三强的墓前（1995年）

何泽慧作为原子能研究所实验中子物理研究的负责人，完全有资格参与核武器研究的一线工作，在推荐了王淦昌、彭桓武后，钱三强也推荐了何泽慧。令人意外的是，不但没能让何泽慧参与，钱三强还给自己引来不少非议，甚至遭到多位部领导的反对。就推荐何泽慧一事，彭桓武后来有过评论：

苏联专家撤走以后，中国决定自力更生，调国内专家顶替补充苏联专家，当时包括王淦昌、何泽慧都被推荐去九所。钱三强推荐何泽慧好像是作为他的老婆去的，这个观念的出发点是女科学家不如男科学家。其实钱三强并不是这个意思，他推荐的全是有才干的。钱三强不是私心，何泽慧应该到九所，九所需要她这样的人才。当时核武器研制基地有些在戈壁滩，环境极为艰苦，尽管家中孩子还小，钱三强仍然推荐了何泽慧，完全是出于公心。

虽然何泽慧没有去九所，但核武器研制仍离不开她的参与。她是九所三室（中子物理）的兼职顾问，同时还是九所中子点火委员会的委员。由于九所科研力量有限，许多任务需要交给中国科学院等其他科研单位来完成。其中交到原子能研究所的任务，主要由何泽慧负责组织。在工作中，何泽慧贯彻了"根据国家重要任务的需要主动服务当好配角"的精神，这种"任务带学科"的方式成了原子能研究所二室的传统。

何泽慧参与核武器研制的一项任务就包括研制原子弹的点火中子源。何泽慧将一间实验室划给具体负责的王方定小组使用，积极帮助解决出现的困难，王方定也将问题及时向何泽慧汇报。工作进展则由何泽慧、王方定和唐孝威一起向九所汇报。

何泽慧还承担了多项测量核反应截面的工作。所有的核反应都只是以一定的概率发生，核反应截面就是描述反应概率大小的概念。截至1964年，何泽慧利用当时建立起来的实验条件，领导完成了一系列基础核数据的测量工作。

在紧张研制原子弹的岁月里，我国经历了三年困难时期。研究所的很多职工因吃不饱而罹患浮肿病、肝炎病。从1960年下半年开始到1962年底，裁减职工1975人，几乎占总人数的一半，许多转业军人重回农村，不少研究人员也疏散到其他的研究单位。裁员情况大大加剧了何泽慧的工作负担，白天她要了解指导各组、各室的工作，晚上还要抓紧时间调研外文资料。住在相邻宿舍的人说，从未见过她在夜里两点前熄灯。

1964年10月16日，中国首次核试验成功。三天后，钱三强被派往河南信阳农村参加"四清"运动，接受锻炼和教育，参加农业生产劳动。何泽慧领导的二室几个小组的组长，丁大钊、黄胜年、顾以藩、孙汉城，四人都受到批判并被下放。钱三强和她的得意弟子们都下放了，孤独的何泽慧虽心有不满，但仍然继续为氢弹的研制贡献力量。

氢弹是利用同位素（氘、氚）发生核聚变反应从而释放能量的大规模杀伤性武

第十四章 参与原子弹、氢弹研制

器。同位素指的是属于同一元素、质子数也相同但是中子数不同的核素，氢元素有三种同位素，分别是氕（原子核由一个质子构成）、氘（原子核由一个质子、一个中子组成）、氚（原子核由一个质子、两个中子组成）。相较于原子弹将重核分裂为轻核的原理，氢弹则是轻核聚合——将氘、氚聚合成为氦，这一过程释放的能量远超原子弹，400克氘和600克氚的混合物聚变释放的能量相当于4000克铀裂变或12000吨标准煤燃烧的能量。1952年美国进行了人类历史上首次氢弹理论试验，1953年苏联宣布氢弹试验成功，1957年英国完成了首次氢弹实验。

▲ 何泽慧的证件照（1964年）

为开展氢弹的预研究，1961年初，原子能研究所成立了以黄祖洽为首的轻核理论组，何泽慧主持的轻核反应实验组，这两个小组的重要性在后来的氢弹科研

▲ 何泽慧与王淦昌（左）、黄祖洽（右）出席学部会议（1981年）

攻关中体现了出来。1965年1月，核武器研究所理论部的邓稼先从苏联公布的有关文献中，发现所记载的氚和锂反应截面的数据与美国的不一致，而该数据对选择氢弹技术路线具有重要意义。2月13日，二机部将测量任务下达给原子能研究所，这项绝密紧急的工作代号为"35#任务"，要求通过系统测量氚和锂各种同位素的核反应截面核对文献数据。

为此，原子能研究所抽调业务骨干30人（后扩大到50人），组成以副所长何泽慧为业务指导，党总支书记吕广义为政委的"35#突击队"。当时的困难在于，丁大钊、孙汉城等科研骨干已被下放，好在工作本来有基础，所里有些人也能挑起担子。何泽慧和这些科技人员不分昼夜的工作，在不到半年的时间里，就系统测量完成了这两个轻核入射粒子20—600千电子伏的六个反应道截面数据，这是平时需要用两三年才能完成的任务。彭桓武对此评价道：

▼ 何泽慧（右三）与陈佳洱（右四）、汪德熙（右五）、杨承宗（左四）、
　汪家鼎（左三）等在新疆马兰核试验基地（1996年）

搞氢弹的时候，资料里有一个数据，我们觉得不大可靠，就让重做实验，重测这个数据。平常的物理实验，做一个就要两三年，而我们搞氢弹剩下的时间只有一两年了，所以这个实验要求几个月做出来。当时何泽慧组织一些人，专门做这个实验，夜以继日，几个月就做出来了，并证明了原来的数据不对。核武器研究没有走弯路，没有走错误的方向，这是很重要的一件事情。

1996年7月29日，中国在罗布泊进行了最后一次核试验，并宣布自7月30日起暂停核试验。在最后一次核爆炸实验前夕，何泽慧、杨承宗、陈佳洱、汪德熙等几位白发苍苍的老人来到了罗布泊。北京派专机把这些为祖国原子能事业和核武器研制建立了不朽功勋的老前辈请到这里，让他们亲眼看一看核试验场的壮观景象，为那段轰轰烈烈的历史画上一个圆满的句号。钱三强先生已于1992年与世长辞，何泽慧在罗布泊说："我觉得，三强也同我们一起到这里来了……"

第十五章 遭受冲击 心有星光

1966年"文化大革命"之初,原子能研究所的科研活动一度中断。为保证能够完成二机部交派下来的重点军工项目,研究所和各研究室按照中央"抓革命促生产"的指示组成两个领导班子,一个班子抓革命,一个班子抓科研和生产。但不久"造反派"就在混乱中夺取了全所的大权,有数千张大字报揭发何泽慧和钱三强为"反动学术权威"。

面对突如其来的遭遇,何泽慧的正直、坦率、对别人尊重的性格特点表现得淋漓尽致。在批判她的大会小会上,她总是骄傲地昂着头,从不违心地承认不实批判之词,连敷衍搪塞以求过关的表现都没有,只是无声的反抗,她始终言行如一,不改初衷。当时她已经50多岁了,身单体弱,但她宁愿承受艰苦的劳动,都不愿意委曲求全。

在遭到批判后,何泽慧在原子能研究所的办公室也被造反派查抄了。节俭的她平时将一些钱放在抽屉里,也都被造反派用布袋装走了。没有了办公室,她被赶到一个楼梯过道的小房间,每天负责打扫厕所。趁何泽慧不在家的时候,"造反派"突然上门抄家。何泽慧后来说,假如她当时在家会问个明白,为什么抄她的家。抄家的人进门后,先把钱三强和保姆、孩子们都赶到厨房里,然后翻箱倒柜把想要的东西抄走了,最让人心

第十五章　遭受冲击　心有星光

▲ 钱思进下乡前全家合影（左起钱民协、钱三强、钱思进、何泽慧、钱祖玄，1968年）

疼的是钱三强几十年积累的日记本和笔记本被带走了。此后家里也不能再雇保姆了，买菜、做饭、洗衣、打扫卫生等，都是全家自己动手。

为迅速扭转当时国防科研工作陷入瘫痪的局面，毛泽东批准中国科学院内有关国防的研究所实行军管，二机部军管会于1967年5月派解放军来所。国防科研算是保住了，但研究所的基础科研活动仍然陷于停顿。

在所内劳动一段时间后，何泽慧于1969年底被批准随钱三强到陕西合阳的"五七干校"参加劳动。他们的三个孩子已先于他们下乡：钱思进在1968年12月去了山西绛县，钱祖玄和钱民协于1969年初先后到了陕西宜川。

那年冬天，夫妻二人一起在乡间务农。钱三强年轻时爱运动，身体比较壮实，因此在干校里养猪、锄地、施肥、打场——什么活都干。何泽慧因身体"老弱"，受到组织上照顾，只分配做一些看场、打钟、看水之类的工作。

逆境并没有摧毁何泽慧身上的那份坚韧与乐观。她就像往日对待科学实验那样认真负责地对待看场敲钟，看场时她不会偷懒坐着不动，而是不停地围着场院巡视，不要说猪鸡牛羊不敢靠近，连麻雀和老鼠也难得漏网；敲钟的任务，她就像在实验室测算数据一样，一丝不苟，分秒不差。

2006年央视《大家》栏目采访时曾问到她在干校的生活：

记者：听说您在干校敲钟的时间非常准，大家都是拿来对表的。

何泽慧：我做事情就是喜欢准。

记者：那时候有没有想过做研究的事儿？

何泽慧：没有想过。

记者：那您心里会不会着急啊，您是学物理学的啊？

何泽慧：着什么急啊，反正听天由命了。

其实何泽慧又怎能不着急呢，她在一份手稿中流露出自己的真正想法："没有书籍杂志，没有仪器设备，对我们一辈子搞实验物理的人，的确有些残酷。思想改造、劳动锻炼这当然是必修课，但我们曾是一个科学工作者，世界上

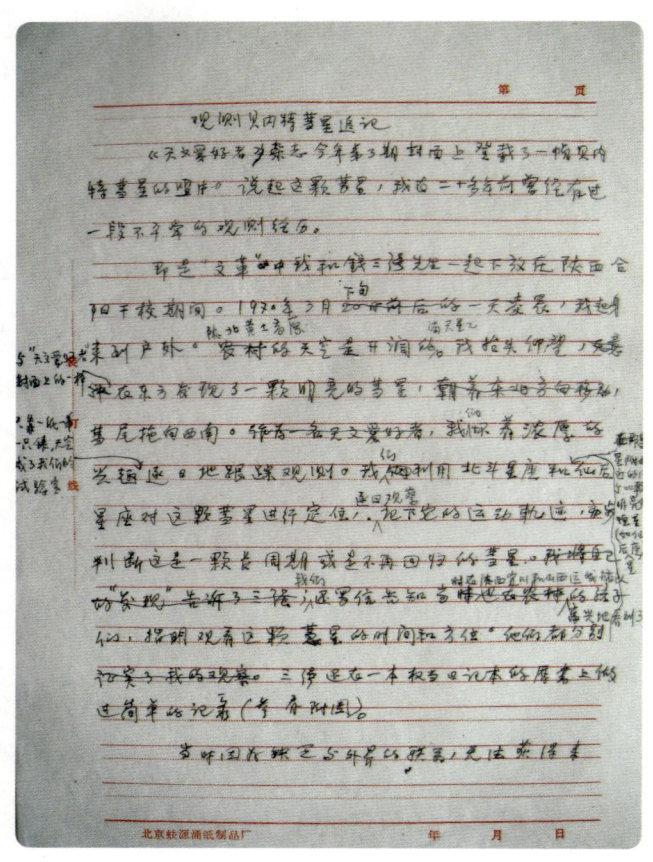

▲ 何泽慧"观测贝内特彗星追记"的手稿

有无穷无尽的问题可以去研究，也应该去研究。"她写道："我们所处的'高庄'起初也是无高楼大厦，无树无木，晚上满天星星，太美丽了。这不就是一个大实验室吗！固然老天不负有心人，我们去'高庄'不到四五个月，就见到了一颗漂亮的彗星……那是在1970年3月下旬的一天，大概凌晨四五点钟天还没亮，我发现东北天空有一颗明亮美丽的彗星，这是我在干校除了学会耕耕种种以外的最大收获。"当时的她或许没有预料到，在未来的几十年里，"高庄"的星光将她指向了宇宙这个大实验室，进入高能天体物理、宇宙线物理研究的新领域。

何泽慧看到的这颗彗星是一颗长周期彗星，她从3月下旬一直观测到4月中旬，还写信给当时下放农村的孩子们，指明观看这颗彗星的时间和方位，培养他们对自然科学的兴趣。二十多年后，再回忆起发现这颗彗星时的情景，何泽慧感慨世间万物纷繁复杂，尚未发现、认识的新现象、新事物不计其数，关键是要有心探索，并以此启迪青年天文爱好者。

粒子天体物理中心研究员宋黎明回忆，何泽慧曾对他讲过，她和钱三强在干校时曾自制观测设备看彗星。"一个自己做的三脚架，一个初中老师上课用的量角器，还画了草图，何先生向我介绍了如何确定观测纬度、观测时间，如何确定彗星的方向，如何进行数据处理，最后是他们的数据跟天文学年历的比较。"

何泽慧这份平和、单纯的心态，使她坦然地度过了在干校的时光。两年多的干校集体劳动，通过"与贫下中农接触"，何泽慧与老乡的关系也渐渐拉近了，学到了不少别人的优点和长处，"开始尝到了作一个普通劳动者的甜头"，也逐渐放下了知识分子的架子。

1972年4月，钱三强因患冠心病，被送到陕西临潼治病疗养；5月，他写信向组织要求，由二机部批准回北京治病，从而结束了两年半的干校劳动。何泽慧也随之通过"学员鉴定"，离开干校一起返回北京。

▲ 何泽慧与钱三强回到北京（1972年10月于颐和园）

　　何泽慧夫妇的三个孩子也陆续被推荐为"工农兵大学生"返回北京，钱祖玄和钱思进1972年5月分别被推荐到清华大学电子工程系和化学工程系读书，第二年钱民协被推荐进入北京大学化学系，曾经星散的一家人又团聚了。钱民协、钱祖玄分别在1971年、1972年被评为五好社员，1972年9月《人民日报》还报道了两姐妹的先进事迹。1978年，钱民协和钱思进考取了研究生。

▲ 何泽慧与姐妹何怡贞、何泽瑛在中关村楼前合影（1972年）

▲ 全家回到北京（1974年12月）

第十六章 重返科学院 投身高能物理

　　高能物理，也称粒子物理，研究的是比原子核更深层次的微观世界中物质的性质，以及在很高的能量下，这些物质相互转化的现象及其原因和规律，与军工、实用导向的研究不同，这种探索本质规律的工作属于基础研究的范畴。

　　中国科学院近代物理研究所，在1958年改为原子能研究所转向核能研究，到1973年组建高能物理研究所，一方面是根据国家战略需要的调整，另一方面也体现了基础科学发展的内在要求。基础研究是一个国家发展科学不可或缺的内容，然而，当时我国的国家建设需求以及军工导向下，研究所的核能应用研究与作为基础科学的基本粒子研究之间，鸿沟逐渐显现。要

▲ 何泽慧和钱三强在共同讨论和撰写《原子能发现史话》（1973年2月）

第十六章 重返科学院 投身高能物理

▲ 何泽慧与钱三强在中山公园（1975年）　　▲ 何泽慧与钱三强在香山卧佛寺（1975年）

不要发展高能物理和怎样发展高能物理，二机部的领导谁也不敢拿主意，导致基础研究一再拖延。

　　鉴于高能物理在国际学术交流方面的有益作用，以及"打破美帝、苏修的垄断，团结社会主义国家及新兴国家科学工作者"的政治需要，在中国退出联合所以后，建立一个科学中心的计划开始酝酿。1973年1月，二机部和中国科学院上报国务院，提出将二机部401所中关村部分（一部）包括其云南宇宙线观测站、兰州近代物理研究所划归中国科学院领导，在401所一部的基础上建立"中国科学院高能物理研究所"。2月，根据周总理批示、经研究协商，双重领导的401所一部全部划归中国科学院，包括何泽慧在内的原副所长与中关村分部全体人员，连同仪器、设备、房屋资产等，一并转到中国科学院，中国科学院高能物理研究所正

109

式成立。调到高能物理研究所的何泽慧,任革委会副主任("文化大革命"期间的行政职务,相当于副所长)。

何泽慧调到高能物理研究所后,虽然工作关系返回了中国科学院,但研究环境并没有根本地好转。在一份1974年填写的干部履历表中,何泽慧的家庭出身仍是官僚,其中有两栏为她自己亲笔填写:"外国语及熟练程度"一栏中填"外文方面曾学过英、德、法、俄,现在都不熟练了";"论文"一栏填的则是"从1939年起,在国外国内写了一些工作报告,现在已记不起来了,反正那些东西,现在看来都是没有意义的。"自1966年到1974年,何泽慧在最年富力强的岁月,"没有条件做这些方面的研究工作",其压抑愤懑之情流于笔端。

1973年后,应科学出版社的邀请,何泽慧与钱三强开始撰写《原子能发现史话》,参考科学著作和科学史作品,断断续续地写了一些科学回顾,"当时'四人帮'横行,精神不易集中",直到1976年春季才定稿。

高能物理研究所成立后,中国科学技术大学玉泉路校园的北半部划归高能物

▲ 何泽慧与钱三强参加黄山基本粒子物理会议(1977年)

▲ 钱三强夫妇与周培源夫妇参加庐山基本粒子会议(1978年)

▲ 参加广州粒子物理理论讨论会的女科学家（1980年）

理研究所，中关村原子能楼只保留放射化学和静电加速器，何泽慧的办公地点也搬到了玉泉路，每天坐班车上下班。

　　高能物理研究要最先从理论方面突破。从1977年开始，周培源和钱三强就分别以物理学会和中国科学院的名义，邀请专家召开了一系列学术会议，最终促成了1980年在广州从化召开粒子物理理论讨论会，这是改革开放以来首次召开的大型国际性学术会议。

第十七章 支持宇宙线研究

高能物理研究所的主要研究方向和任务分为高能物理研究、高能加速器预制研究两部分。高能物理研究又包括基本粒子理论和高能物理实验两个方面。实验方面，在加速器建造完成之前，重点是进行宇宙线的研究，争取在寻找新粒子和高能新奇现象方面做出新成绩。张文裕负责主持全局，彭桓武负责理论方面以及加速器、超导，赵忠尧负责核物理、化学，何泽慧负责宇宙线，包括空中、地面、高山的工作，以及核乳胶、图书情报资料等，重点是放在宇宙线上。

在许多年轻人的想象中，科学研究的场景可能是实验人员穿着整洁的实验服在宽敞明亮的实验室里获得新发现那激动人心的时刻。但实际的科研过程很有可能是枯燥的，环境是艰苦

▼何泽慧在南京紫金山天文台（1979年）

的，研究价值也没有得到公认，科研人员凭借着求真的信念孜孜不倦，上下求索。

我国早期宇宙线研究的实验室设置在高山之巅，实验人员需要不厌其烦地从几万张照片中苦苦寻得一点新发现。它不像代表着国家科技实力的高能加速器项目那样"光鲜华丽"，但对粒子物理、天体物理等研究具有重要价值，就像何泽慧先生一样"衣褐怀玉"，也正是靠何泽慧先生顶住领导的压力，相关研究才能不致被扼杀在"摇篮里"。

所谓宇宙线，是从宇宙空间射到地球上来的各种高能原子核和少量的电子及 γ 射线。宇宙间的高能粒子射向地球时，首先进入大气层，它和空气中的原子核（氮、氧）碰撞，产生各种"基本粒子"，这些粒子由于其能量不同，有的只能达到高山，有的可穿过大气层到达地面，有的可以钻进地下或深海。宇宙线是多种粒子的混合，而加速器的粒子源成分单一。高能物理研究所建所伊始，高能加速器的建设尚在酝酿中，因而宇宙线是较早开展工作的研究领域。虽然新建的加速器能量越来越高，但加速器上看不到的反应过程和反应道，有可能在宇宙线中观测到，因此宇宙线仍然"有无限的工作"供科学家进行研究。

▶ 何泽慧与张文裕、葛庭燧在合肥固体物理研究所（1983年）

宇宙线研究的重要发现与探测技术和手段的重大突破及改进有密切关系。新中国成立之初为发现高能粒子，须在高山之上建造宇宙线观测站。1954年，从美国加州理工大学留学归来的肖健，带领吕敏等几名大学毕业生，在云南东川海拔3222米的落雪山的3185米处，建成了我国第一座高山宇宙线实验室，装备好了多板云雾室。吕敏等每天做的事情就是在高山实验室中守着云雾室，用显微镜观察几万张云雾室照片，寻找少量奇异基本粒子的径迹，坚持枯燥重复的劳动。20世纪50年代，他们共收集了700多个奇异粒子实例，在国际上名列前茅。

高能物理研究所成立之初没有设立专门的宇宙线室，但考虑到其重要性，决定以云南站现有人员为基础，设立宇宙线研究室（三室）。这时"文化大革命"尚未结束，国民经济面临各种困难，何泽慧认为，建造大型设备（如加速器）研究

▼ 云南东川落雪山的宇宙线实验站

▲ 何泽慧在昆明抚仙湖（1981年）

粒子物理固然重要，但利用宇宙这个天然实验室产生的粒子和射线研究粒子物理、天体物理以及宇宙物理同样重要，在发现新现象方面甚至更为突出。

伴随核乳胶技术的发展，高山云雾室逐渐完成了其历史使命，世界高能宇宙线研究的主要方向转向高山乳胶室。核乳胶室在宇宙线和高能物理研究方面起过十分重要的作用，至今仍是空间分辨率最高的探测器。与传统的云雾室相比，核乳胶室轻便而且连续灵敏，可以在高山、气球甚至卫星中进行探测，而且乳胶室设备简单、不需电源，节省人力和费用，灵敏时间可长达一年，面积也易于做到更大，是更适合寻找稀有现象的探测器。何泽慧专长的核乳胶技术，再一次发挥了重要作用。

▲ 南京中山宾馆何泽慧（右一）与李惕碚、陆锬（2002年5月）

高能物理研究所先后在云南和西藏开展了实验性乳胶室的工作。1977年，位于西藏甘巴拉山海拔5500米处的高山乳胶室正式开始建设，用以研究10^{14}—10^{16}电子伏（eV）的超高能现象。何泽慧对此非常关心，曾要求亲自到西藏，但因为她年纪大，被大家劝阻下来。西藏的乳胶室是世界上海拔最高的高山乳胶室。1978年，又在珠穆朗玛峰脚下海拔6500米的地方放置了乳胶室。

20世纪60年代，随着人造卫星、高空气球的出现，粒子探测器得以应用于天文观测，促成宇宙射线天文学的产生。1978年9月，宇宙线研究室的一些年轻人，联络大气所、空间中心、紫金山天文台等，想通过建设高空科学气球系统推动空间科学探测在中国起步，何泽慧发表讲话表示支持。就在当天，中国科学院一位领导来考察，路过二楼走廊看到会议室门口张贴的中国科学院高空气球工作会议的小条，厉声斥责高能物理研究所领导，为什么不集中力量确保高能加速器建设，搞什么气球？高能物理研究所领导一时压力很大。据当时高能物理研究所的实习员李惕碚记得，何泽慧听闻知此事公开支持青年人："发展交叉学科，不能只管领导说什么。"由此开始，何泽慧只要知道有新研制的气球或观测仪器进行飞行试验，就必到现场。"她已经年过六旬，不可能在科研的第一线，然而她对宇宙线室的发展和支持却是始终如一，倾注了极大的热情。在我脑海中可以复现的另一个定格画面是我们最开始在香河释放气球时她几乎每场必到的场景。"

到20世纪80年代末，又有一些领导人指责高能物理研究所不应当搞天体物理，何泽慧再度充当了"何（核）保护伞"，抗住了这些压力，使刚刚起步的高能天体物理不致夭折。"如果没有何先生，很多科研能不能坚持住，会成为疑问。"在李惕碚看来，"权位和来头，排场和声势，华丽的包装，对何先生都没有用；她时不时会像那个看不见皇帝新衣的小孩子，冷冷地冒出一句'不合时宜而又鞭辟入里的实在话'。"

▼ 何泽慧与赵忠尧（左）、郑林生（中）出席
　北戴河高能物理会议（1985年）

第十八章 参与高空科学气球的释放与回收

高空科学气球是第二次世界大战后发展起来的一种无动力大型塑料气球,是进行高空科学观测或实验的一种运载工具,载重可达数百千克至数吨。它的飞行高度虽然不如卫星,但比飞机高得多,一般可达30—50千米,并在这一高度平飞数小时

▲ 英国布里斯托尔大学鲍威尔教授正在指挥释放高空气球

第十八章　参与高空科学气球的释放与回收

至数十小时。在气球飞行高度上，气球上方的剩余大气物质仅为地面的百分之一到千分之一。初级宇宙线（即由辐射源直接发出、未经大气作用的宇宙线）主要成分有质子，还有各种原子核、电子、正电子、反质子等。由于地球大气的作用，在地面上仅能观测到它们的次级效应。而在气球高度上，高能的各种成分大多能被探测到，对初级宇宙线的研究将大大丰富我们对宇宙演化的认识。

20世纪50年代，国外的研究工作已初步奠定了高空气球的理论和技术基础。1977年，中国科学院终于走出了"文化大革命"的影响，在何泽慧的倡导和支持下，中国高空科学气球系统逐渐开始部署。自1977年5月到1984年12月，宇宙线室的顾逸东、苑克伟领导了"中国科学院高空气球第一期工程"，气球发射场设在京津之间的香河，地处约北纬40度，气球飞行区域主要在北纬38—41度范围内，根据高空风的总趋势，释放气球较好的季节是5—6月和8—9月，在5月底和9月中上旬，平流层风速较小，气球有10小时左右的滞空时间并能安全回收。项目启

▼ 何泽慧在香河气球发射场
（1981年9月）

动后，何泽慧作为中国科学院气球领导小组成员全程参与，负责规划、组织领导并参加了初期的现场试验。高空气球飞行与观测具有一定的风险，新开发的气球和观测设备尤其如此，但何泽慧认为有风险才有挑战，战胜挑战才能有实质性的突破。

在高空气球发展的过程中，尤其是在早期，由于各方面条件的限制，气球飞行的失败率较高，何泽慧在现场也目睹了多次的失败。遇到失败的情况，她从不指责大家，还常常幽默地说："看来我不该来，我不来，你们都成功了，我一来，你们就失败了。"她鼓励大家继续努力。然而，实验过程中也会出现一些意想不到的情况，如人为造成的破坏。何泽慧和其他工作人员都为此感到伤心，并站出来呼吁。

1987年9月19日，高能物理研究所与大气物理研究所在香河放飞了一枚20万立方米的大型高空气球。这一亚洲最大的实验气球的吊舱中装有贵重观测仪器和完整的遥控遥测系统，其中主要仪器是测量初级宇宙线成分、能谱和高能相互作用的精密乳胶室。这次气球飞行非常成功，记录下了大量我国从未获得的宝贵科学资料。9月20日中午，气球吊舱安全降落在河北省黄骅县中捷农场内。和以往一样，吊舱四周都用大字清楚地标明"中国科学院高空气球""科学仪器，保护有奖"等字样。但意外还是发生了，农场十一队、十三队少数职工不顾他人劝阻，哄抢吊舱，有些人甚至骑摩托车从远处赶来哄抢。他们破坏了吊舱，将降落伞和仪器全部肢解、瓜分。记录在原子核乳胶、高灵敏X光片等特殊感光材料上的科学资料也由于曝光而损失殆尽。气球回收队员赶到时，伞、仪器和观测资料已荡然无存。那些东西对个人并无什么用处，经挨家挨户说服动员，群众交出全部设备中的几项残骸，造成的损失达20万元以上。

科研人员为这次释放气球做了近一年的准备。进行这次实验时，许多人

第十八章 参与高空科学气球的释放与回收

三四十个小时未合眼。当他们收到吊舱顺利着陆的信号时，几十位参与者欢聚在一起，庆贺这次高质量飞行的成功。但谁能料到，等待他们的竟是这样的结果。有的研究人员难过得流下眼泪。此类事件如不加以遏制，势必对此后的重要实验和国际合作产生不利影响，甚至对我国的声誉造成损害。何泽慧专门就此事向记者发表讲话，强烈要求有关单位严肃处理肇事者，并研究发布专门法规以保护国家空中降落试验的仪器设备。她希望新闻媒介加强对有关知识的宣传，使大家都尊重科学、支持科学，杜绝类似事件再次发生。

经过努力，我国已开辟了北半球最长的科学气

▲ 何泽慧在昌平放气球现场（1996年7月23日）

球飞行路线，并将其应用于国防和经济发展中的多个方面。但何泽慧在指导气球系统建设和发展时，仍明确强调要摆正科研与开发的位置，气球技术的发展应以服务空间科学研究为主要目的。随着年华迟暮，何泽慧到气球发放现场的次数也逐渐少了。她的博士生姜鲁华回忆说："她还会经常向我询问高空气球的情况，比如技术上有什么进展，有什么困难，她能帮助做些什么，等等。"

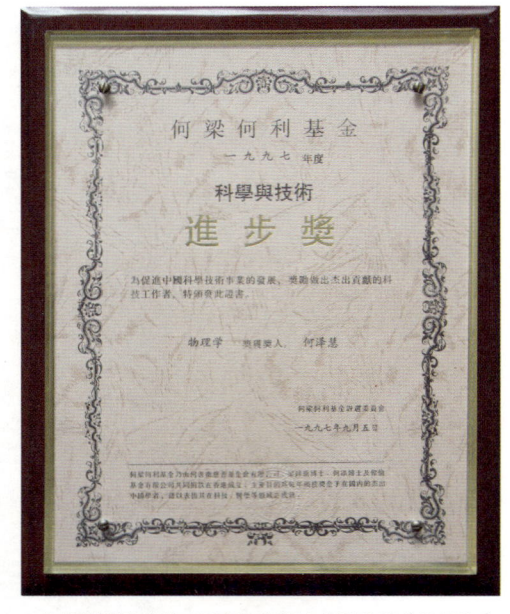

▲ 何泽慧获何梁何利基金科学技术进步奖（1997年）

  1997年，何泽慧获得何梁何利科学与技术进步奖，这是一项由数位香港爱国金融家基于崇尚科学、振兴中华的热忱，捐资设立的慈善基金，经过千余名专家提名推荐、投票表决，何泽慧凭借发现正负电子弹性碰撞、铀核三分裂四分裂现象，研制了对质子、α粒子灵敏的原子核乳胶而荣获物理学奖，奖金15万元。在此之后与姜鲁华的一次交谈中，她问到高空气球的经费情况，主动提出如果有需要，可以使用她的这笔奖金。

第十九章 立足常规 着眼新奇

学部委员是中国科学界的崇高荣誉，女性更是凤毛麟角。我国20世纪50年代建立学部委员制度，遴选的第一批学部委员中仅

▲ 何泽慧的学部委员证（1981年）

有林巧稚一位女性。1980年，中国科学院启动增补学部委员工作，何泽慧以高票通过，当选数学物理学部学部委员。何泽慧积极参加学部会议，履行委员职责。1994年全部"学部委员"改称"中国科学院院士"。1998年何泽慧成为中国科学院首批"资深院士"。

总结一生的科研成果，也让何泽慧对科研的方法和规律产生了思考。1981年6月4日，何泽慧在《科学报》上发表了题为"立足常规，着眼新奇"的文章。这八个字是何泽慧对自己一生学术经验的最精炼概括。既包含了她早年在德国和法国实验室学到的经验，也是她回国后开创原子能事业历程的总结：

科学上不可预料的重大发现，常常是在常规的科学仪器上做出来的。镭的发现，X射线的发现，等等，无一不是如此。这

▲ 1980年增补的14位女学部委员参加第四次学部大会合影（前排左起：叶叔华、沈天慧、何泽慧、谢希德、黄量、高小霞、李敏华、陈茹玉；后排左起李林、郝诒纯、池际尚、王承书、蒋丽金、林兰英，1981年5月）

种事例在科学史上是屡见不鲜的。在中国科学院数学物理学部工作报告中提到的"静电场作用下 α-碘酸锂单晶'异常'现象的发现"，主要是原子能研究所的科研人员，在简陋的仪器设备上做出来的。当时，论设备没有国外的大，论仪器没有国外的好。我们应当宣扬这种精神，鼓励这种好作风。

……

就高能物理来说，高能加速器是研究高能物理的一个主要工具。在国家经济条件允许时，我国的高能加速器还是要建造的。但这不是唯一的手段，现在不能说因为没有高能加速器，高能物理研究就断了线，可以在国外加速器上合作开展工作。另外，大自然的宇宙线为我们提供了很好的研究手段。虽然高能粒子在宇宙线中的流（强）很弱，但总是聊胜于无。而且，宇宙线上还有超高能的粒子，这种粒子即使在目前或不远将来的世界上最高能量的加速器上，也还是无法得到的。我们利用它来研究高能甚至超高能核作用，难道就不能登大雅之堂吗？难道就不能培养出一批研究高能物理的人才吗？

一些科学家之所以能在简陋的仪器上，通过常规的工作，发现新奇现象，关键在于目光敏锐以及扎扎实实、一丝不苟的工作态度。立足常规，着眼新奇，在可靠的实验结果基础上，不放过任何一个新奇的现象。例如中子、正电子、裂变等的发现，都可以说是首先在综合了许许多多常规的实验工作中所出现的新奇现

第十九章 立足常规 着眼新奇

象才被发现的。有些实验工作者不大敢触动已有的理论,当理论与他的实验结果发生矛盾,原有的理论解释不了新的实验现象时,往往只怀疑自己的实验结果,而不敢对已有的理论提出怀疑。这样只能验证别人的工作,而做不出开创性的工作来。只要实验结果是可靠的,我们就应该有勇气向已有的理论挑战。一个真正有才能的理论学家,并不只希望实验学家能验证他们的理论,应高兴地看到实验中能发现与已有理论不符的方面。

何泽慧一贯主张尽量利用简单廉价的实验条件开展有意义的科学探索。她认为,科学发展的历史经验告诉我们,在很多情况下,常常是一些在当时看起来不起眼的研究工作导致了意义重大的发现,纯粹基础研究成果的长期积累最终打开通向应用的广阔道路,而刻意追求大的项目却未必总能带来等价的回报。

何泽慧在推动我国空间高能天体物理实验手段建设的同时,始终强调实验观

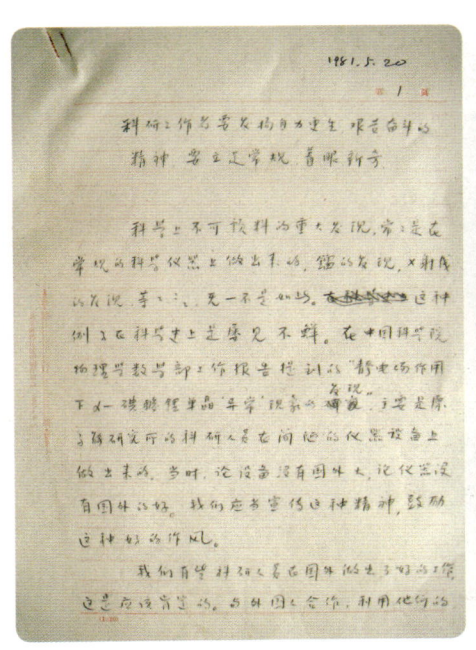

▲ 何泽慧"立足常规,着眼新奇"手稿　　▲ 何泽慧在桂林(1983年)

测和物理研究要着眼创新。在她的鼓励和支持下，高能物理研究所高能天体物理实验室建设了我国最好的高能天体物理数据库和数据分析系统，取得了一批创新型的重要成果。

1999年，何泽慧与顾以藩发表"原子核裂变的发现：历史与教训——纪念原子核裂变现象发现60周年"一文指出，在实验研究人员中间，有时出现一种不恰当的认识。一些人认为：产生重大应用价值成果的研究工作总是可以预先设想和规划的，而花钱愈多的大项目就愈是重要，得到的成果也会愈大。核裂变发现的过程和这种认识形成了鲜明的对照。我们看到，这个具有划时代意义的重大发现并不是一开始就有宏伟目标的，哈恩等人开展研究的起因只是为了弄清中子轰击铀出现的反应产物是否是超铀元素，而工作也只是两三个人利用简单的实验条件以标准的化学和物理方法进行重复性的实验操作。

▲ 何泽慧参加学部会议（左起严济慈、王淦昌、何泽慧、钱三强、严陆光，1992年）

第二十章 退而不休 实至名归

1984年，何泽慧卸去了高能物理研究所的领导职务，也不再直接从事科学研究，和同时卸任的钱三强有了更多时间一起含饴弄孙，共度晚年时光。但是她仍会指导培养研究生，和中青年科研人员研讨问

▲ 何泽慧在上海（1984年）

▼ 何泽慧在长白山天池（1985年）

题。作为学界前辈,那些在"天南海北"举行的学术会议,她也会不辞长途跋涉的辛劳莅会发言,科学热情不减,带给年轻一代莫大的鼓励。

从1981年起,国内每三年召开一次全国固体径迹探测器会议,除特殊情况外,何泽慧都会参加,而且每次闭幕式都会讲话,她总是鼓励大家"要用简单设备,做出有意义的工作"。

何泽慧曾分管宇宙线工作,因此晚年经常参加有关空间科学和高能天体物理的会议。1997年,83岁的何泽慧甚至参加了在我国"最北"的漠河地区观测日全食的活动,当时漠河的气温约为零下25摄氏度。

"春光明媚日初起,背着书包上班去。尊询大娘年几许,九十高龄有童趣。"这是2004年何泽慧90大寿时老同学王大珩写的诗。研究所在中关村设有一个不大的班车,何泽慧就天天去上班,以耄耋之年,风雨无阻。

晚年的何泽慧,还因时任国家总理的温家宝同志每年去看望她而备受瞩目。实际上,温家宝与钱三强、何泽慧之间的交往很早以前就开始了。何泽慧的弟弟

▲ 何泽慧参加在杭州召开的空间科学学会的会议(1982年)

▲ 何泽慧在怀柔太阳观测站(1995年)

第二十章　退而不休　实至名归

▲ 何泽慧在高能所办公室（1996年）

▲ 何泽慧在漠河（1997年3月）

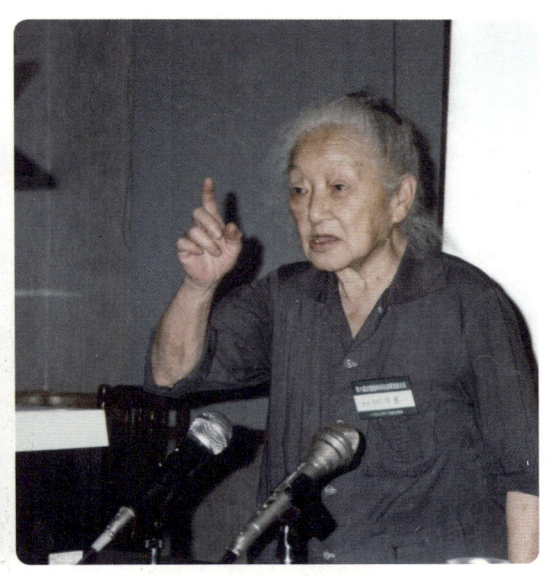

▲ 何泽慧参加在湖北宜昌召开的第六届全国固体核径迹探测器会议（1998年）

▲ 何泽慧与大姐何怡贞、妹妹何泽瑛在合肥固体物理研究所（1997年）

▲ 何泽慧在酒泉卫星发射中心发射现场（2000年12月8日）

第二十章　退而不休　实至名归

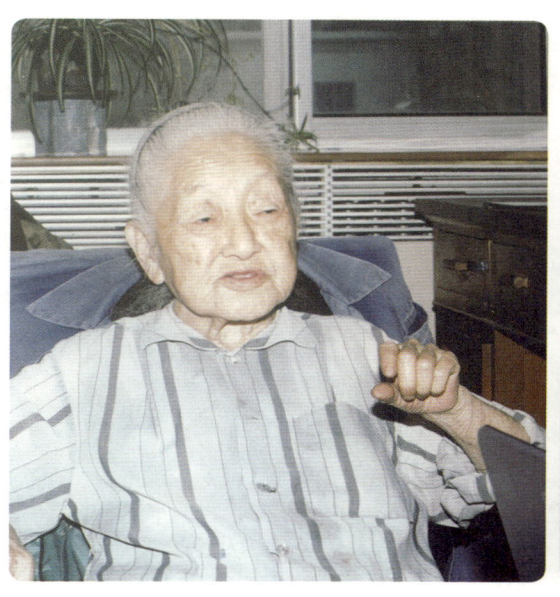

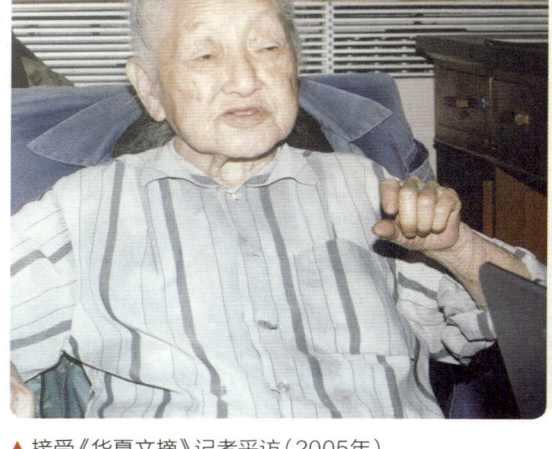

▲ 接受《华夏文摘》记者采访（2005年）　　▲ 何泽慧在高能所的办公桌（2011年）

何泽庆，是温家宝大学期间非常尊敬的一位老师。1992年钱三强逝世的时候，温家宝还连夜赶到医院送别。

温家宝就任总理后，2005年9月18日中秋节，带上月饼和鲜花，到何泽慧的家中看望她。那时的何泽慧，还全天上班。温家宝与何泽慧约定，以后每年都来看她。2007年8月5日，温家宝再次登门，送上了一盆美丽的蝴蝶兰。谈话中提起这间屋子，温家宝说："三强不在以后，我想过，通过组织给您换个屋子。"然而，这间屋子保留了夫妻二人太多的记忆。组织上曾多次提出为老人调房，都被她婉言谢绝了。此后数年，温家宝都如约登门。他说："您为国家作过贡献，国家和人民没有忘记您。这就是我每年来看您的原因，您自己得多保重！"

第二十一章 春晖寸草 舐犊情深

钱三强与何泽慧育有两女一子。作为一位科学家母亲，何泽慧不得不平衡家庭与事业之间的关系。子女三人在幼年时期都由保姆杨妈照应。从幼儿园起他们就入了全托，每两周回家一次。当时，钱三强的业务组织工作和社会活动十分繁忙，何泽慧则一直忙于科研工作第一线，何泽慧和钱三强去苏联的那一年，孩子们更是只能在幼儿园长住。何泽慧到坨里上班后，两个星期才回中关村的家一次，每天只能在电话里关心孩子们的学习情况，对于三个孩子，她总是心怀牵挂与歉疚。钱民协说：

她天天打电话关心我们学习，每天晚上问我，尤其是数学、几何。然后就问哪道几何题不会做？我告诉她哪道题不会做，把题给念过去，过一会她再打电话回来，告诉我应该怎么做。我们兄妹三个里头，我姐祖玄和我弟思进学习都特别好，我那时爱干点杂事，所以我爸和我妈在学习上关注我比较多。但从没有当面训我们。我爸我妈还给我们剪报，从小学生范文开始，各方面的知识都有。她的桌子上，一块玻璃，一个小划刀，一块一块的剪报。一直到我们成年了她还保持着给我们剪报的习惯。

钱祖玄曾回忆，那时妈妈在房山上班，平常住在所里，只有星期天一家人才能团聚。团聚时一家人多快乐啊，爸爸妈妈

第二十一章 春晖寸草 舐犊情深

▲ 全家福（1956年）　　　　　　　　　▲ 何泽慧和她的三个孩子在家中（1957年）

总是带我们出去玩，从不训我们。妈妈游泳游得好，我们姐弟的游泳都是妈妈教会的。爸爸妈妈还一起坐公交车去买菜，回家后，爸爸做浙江菜，妈妈做苏州菜，有各种鱼，还有蛋饺。

何泽慧的手非常巧，几个孩子从小都穿着她亲手织的毛衣。她还告诉孩子们各种花样的织法，毛衣破了有专门织补毛衣的钩针。至于用竹棍加工成掏耳勺，用牙刷刻印章，更是信手拈来。钱三强一直用的钱包，就是何泽慧用皮子边角料缝制而成的。

虽然子女们成长的环境不再是旧时代的大家庭，但家族的文化——做事认真、为人朴实的品格还是传承到了孩子们的身上。何泽慧工作忙时，衣服破了来不及补，就用别针先固定住，孩子们也学会了这一招。家里的藤椅等不少家具上，

133

都有她修理的痕迹。

"文化大革命"前夕,祖玄正念高二,民协上高一,思进上初二。学校停课后,三人都被下放到农村插队劳动。社会形势的急剧变化,将他们匆匆推出家庭、学校的荫庇,心中的困苦、无助和不适应是不言而喻的。祖玄、民协年龄较大,到延安地区插队,父母较为放心。插队到晋南的小儿子思进,在这段时间里受到了父母的"特别照顾"。根据思进的回忆:"我初次走出校门,长期远离父母进入农村,时常遇到些困难和矛盾。"钱三强和何泽慧在插队期间给思进写了100多封信,苦口婆心地一点一滴地纠正着孩子在人生道路上出现的偏差。这100多封信

▲ 何泽慧用过的书包,到处有修旧利废的痕迹

▲ 送别钱思进插队(1968年)

第二十一章 春晖寸草 舐犊情深

▲ 何泽慧与钱思进在陕西合阳干校（1971年） 　　▲ 何泽慧与钱民协在陕西合阳干校（1971年）

▲ 何泽慧与钱思进、钱祖玄在陕西合阳干校（1971年）

都是钱三强执笔，何泽慧总是最后再叮嘱几句。

思进说："有几次，在有的知识青年通过不同的途径参军或回城时，我的思想波动较大，总幻想着父母能早日从'五七干校'回到北京，并能帮助我找到工作。为此，父亲又连写了几封长达十页的信，反复帮我分析问题，他的

135

▲ 全家在陕西合阳干校共度春节（1971年）

主题始终是：'我们过去曾经多次告诉你，一个人的将来主要靠自己，你在这方面总是有不少幻想。'父亲还说：事实上，'特殊'对我来说已成为过去，现在我仅仅是个普通的'五七干校'学员，并且是还要受到批判的人。在后来的信中，父母还写道：做什么就好好地去做，希望你终生守着这条准则。"在那段苦难的时期，父母教导孩子们随遇而安，这些开导在最艰难的时光里陪伴、支撑着他们，如涓涓细流，润物无声。

钱思进在怀念何泽慧的文章中写道："妈妈的性格中，有两点使我印象深刻，也潜移默化地给了我深刻影响。一是做事认真仔细，妈妈无论做什么大大小小的事都非常认真，而且认准的事就一做到底。二是妈妈一生勤俭……妈妈的榜样已经并将继续深深影响着我们子女和下一代的日常生活。"

第二十一章 春晖寸草 舐犊情深

▲ 坐在藤椅上的何泽慧（2007年）

▲ 何泽慧、钱三强与钱祖玄和钱民协（1991年初）

▲ 何泽慧与儿子钱思进和孙子钱绍强（2004年夏）

第二十二章 女性楷模 伉俪情深

何泽慧和钱三强的名字是紧密联系在一起的，有时甚至难以分开。主要体现在三个方面。

首先，在科学上，他们的研究密切结合。钱三强曾讲过，我们的结合是科学的结合。两个人最重要的发现，重原子核三分裂与四分裂现象的发现和解释，是两个人一起完成的。钱三强最先注意到三分裂现象，何泽慧加入钱三强的团队后，发现的实例最多，并且最早找到了四分裂现象，他们的很多成果是共同发表的。回国后，何泽慧从事核乳胶的制备工作，最初这项技术是钱三强最先从英国接触到的。

第二，两个人的事业相互辉映。他们回国后不久，钱三强更多地忙于科学家的组织工作，为中国原子能事业

▲ 何泽慧与钱三强在剑桥（1946年）

▲ 何泽慧与钱三强在陕西合阳干校（1971年）

招兵买马、调兵遣将，而何泽慧始终在关键的科研岗位上，继续着两个人的科学事业。她最早领导了原子核的物理研究，在原子能研究所负责最关键的中子物理研究室。他们两个人为我国原子能事业的发展和人才培养都作出了不可替代的贡献。

第三，两个人的命运沉浮与共。他们在清华相识，共同学习、感知国家的危难；他们都前往欧洲留学，在那里度过了艰苦的战争岁月；他们结合后，一起从事科学研究，一起回国创业，经受了历次政治运动的风风雨雨。"文化大革命"期间，钱三强被下放劳动，何泽慧也申请一同前往。晚年时光，他们一起撰写历史回忆，

▲ 钱三强、何泽慧夫妇与葛庭燧、何怡贞夫妇在庐山（1978年）

▲ 何泽慧和钱三强在北京中山公园携外孙外孙女赏菊（1988年11月）

一起出席各种学术活动，一起安享天伦之乐……

与钱三强在中国科技史上的崇高地位相比，何泽慧的光芒是否被掩盖了呢？有一次记者问她："被介绍为钱三强夫人，你有什么想法？"她毫不客气地回答："有人要介绍钱三强夫人，我根本不去。"何泽慧一贯主

▲ 何泽慧与钱三强参加学部会议（1992年）

张男女平等，为争取女性权利进行着不懈的斗争。在工作上，何泽慧更是严格要求自己。作为中国原子能物理事业的开创者，何泽慧在不同岗位上，不仅出色地完成了科研任务，还发展学科、培养了大批人才。

▲ 何泽慧在医院康复骨伤（2006年）

何泽慧卸去研究所领导职务的那一年，钱三强因长期操劳导致心脏病复发住院，因此卸去了中国科学院副院长一职，从此两人有了更多的时间，经常一起参加各类活动。1985年5月，在法国驻华使馆，马乐大使代表法国总统授予钱三强法兰西荣誉军团军官勋章，何泽慧与严济慈、卢嘉锡等出席。

1992年，钱三强去世以后，何泽慧一直住在中关村的老房子里。之后的二十多年里，何泽慧家里的布局依然和当年一样，东西几乎都没有变，不论是卧室还是书房，都保持着钱三强生前的样子。写字台的抽屉里，他用过的钱包、证件、电话号码本、代表证、文具、眼镜等，都一直留在里面，也许她认为这是纪念钱三强最好的方式。或许在何泽慧心里，钱三强一直没有离去，每逢中秋节还想着为他掰块月饼。

迟暮之年的何泽慧，身体也每况愈下。2006年，她因服用降压药导致脑细胞受损，在昏迷了一天后失去了记忆。也许对一个老人来说，失去记忆也意味着忘却所有的烦恼，回归纯真。从那以后，倔强的何泽慧很少再生气，别人随便说件事也能让她笑上半天。钱民协豁达地说："这是上天赐给老人的礼物。"

2011年6月20日，何泽慧安详离世，享年97岁。6月26日，遗体告别仪式在八宝山殡仪馆举行，前来送行的人们排起了长长的队伍。

"献身原子核物理风雨数十载哲人已逝，耕耘高能宇宙射线奔波一生事业永存。"根据何泽慧生前的遗愿，她葬于福田公墓，父亲何澄与母亲王季山的墓旁，钱三强的墓就在几十米外不远。也许她不愿总被人称作钱三强夫人而没有与钱三强合葬，但她愿意回到父母身边，永远做父母的女儿。

结语

"淡泊以明志,宁静以致远"可谓何泽慧身上非常显著的一种精神气质。她生活俭约,衣着朴素,平易近人,风骨灿然。在校读书期间,无论外界怎样风云变幻,她都能"两耳不闻窗外事,一心只读圣贤书",冷静而且踏实。参加工作后,她低调谦逊,极少接受外界的采访和宣传,对沽名钓誉之事充满鄙夷。

同时,她又不是对国家时局漠不关心的人。中学时代她就参与反抗日本侵略,大学期间更是目睹了日本人在中国的嚣张跋扈。在德国,她是第一个看到《拉贝日记》的中国人。无论是

▲ 在庐山植物园(1994年)

弹道学还是核物理，都是她想用来保家卫国的武器。国内形势好转之时，果断放弃国外先进的科研条件，毫不犹豫地重归故土，担当一代科学奠基人。她强调中国人要自尊自信，反感崇洋媚外。在政治运动中，她与钱三强一起经历了沉浮，但即便在农村劳动，她也保持着像在实验室一样的严谨态度，一丝不苟。

作为女性，何泽慧始终争取男女平等，倔强而不软弱。在那个女性还在裹小脚、当童养媳的年代，清华物理系教

◀ 何泽慧游览镜泊湖，对地下森林充满兴趣（1998年）

授对女生有偏见，她据理反驳，凭借个人智慧与能力，在男性主导的科学领域取得一席之地，晚年还在呼吁消除男女退休年龄差别。对某些潮流、权势她从来都不屑一顾，热心扶持不被领导看好的前沿学科。年轻人遇到麻烦，她也会站出来保护他们。

▲ 何泽慧在大理洱海船上（1996年）

接触世界科学前沿而又长期工作在一线，何泽慧身上既有袭自故乡家族的勤劳智慧与俭朴，又吸收了世界一流科学家的实验学术传统；既受振华女校"质朴大气，真水无香，倾听天籁"的文化熏陶，又有清华大学的"自强不息，厚德载物"的痕迹；既受家族男女平等观念的影响，又接触到居里夫人、伊莱娜·居里这样的榜样；既履行科学服务于国家的义务，又强调基础研究的重要性。何泽慧曾经领导过的原子能研究所中子物理室、高能物理研究所宇宙线室，以及何泽慧指导过的研究人员，都或多或少地继承了这些传统。即使是仅仅接触过、了解过何泽慧的人，也不难感受到这种传统的魅力。

至此，我们对何泽慧一生的阅读告一段落。时势造英雄，无论是青年时期硝烟四起的全球变局，还是工作期间此起彼伏的政治运动，这些磨砺如今看来反而为何泽慧的人生增添了不少跌宕起伏的色彩。书写和阅读科学家传记,一方面为纪念他们为国家、社会做出的科学成就和贡献,另一方面也是为传承科学精神、汲取科研经验,最重要的是发扬那些难能可贵的精神品质。何泽慧正是这样的科学家,她身上有太多的闪光点值得年轻人学习。

▼ 何泽慧与玉龙雪山
　（2004年）

参考文献

[1]《何泽慧文选与纪念文集》编写委员会编.何泽慧文选与纪念文集[M].太原:山西教育出版社,2015.

[2]方惠坚,张思敬主编.清华大学志[M].北京:清华大学出版社,2001.

[3]葛能全.钱三强年谱长编[M].北京:科学出版社,2013.

[4]李娟.浅谈西方女性教育变迁[J].淮南师范学院学报,2006(1):119-122.

[5]林辉.云雾室、核乳胶与气泡室[J].现代物理知识,2002(3):46-47.

[6]刘德军."三反"运动研究述评[J].党史研究与教学,2007(6):82-88.

[7]刘培,张志辉.没有勋章的功臣[M].北京:中国科学技术出版社,2020.

[8]刘深.戈与荷——葛庭燧、何怡贞传[M].北京:清华大学出版社,2011.

[9]刘晓.卷舒开合任天真——何泽慧传[M].北京:中国科学技术出版社,2013.

[10]刘亚.女性主义在中国的演进和思考[D].南京:南京师范大学,2016.

[11] 刘振华. 苏联援助之下中国核工业的横空出世[J]. 中国档案, 2009(11): 80–82.

[12] 聂文婷. 科技"大跃进"对新中国原子能事业的影响[J]. 当代中国史研究, 2017(3): 104–113, 127–128.

[13] 钱三强. 重原子核三分裂与四分裂的发现[M]. 北京: 科学文献出版社, 1989.

[14] 任之恭. 一位华裔物理学家的回忆录[M]. 太原: 山西高校联合出版社, 1992.

[15] 沈志华. 援助与限制: 苏联与中国的核武器研制(1949—1960)[J]. 历史研究, 2004(3): 110–131, 191–192.

[16] 时春丽. 一爆惊世建荣功——王方定传[M]. 北京: 中国科学技术出版社, 2017.

[17] 苏华, 张济. 何澄[M]. 太原: 三晋出版社, 2013.

[18] 孙汉城, 刘晓, 钱思进. 何泽慧传[M]. 太原: 山西教育出版社, 2015.

[19] 谢思深, 王刚编. 陆学善院士纪念文集[M]. 北京: 中国科学院物理研究所, 2005.

[20] 姚蜀平. 中国现代化历程中的十次留学潮[J]. 科学文化评论, 2015(2): 34–67.

[21] 张焕乔, 唐洪庆. 钱三强、何泽慧与我国核武器研制[J]. 国防科技工业, 2014(10).

[22] 赵洪明. 我国第一代女核物理学家——何泽慧[J]. 现代物理知识, 2009(3): 46–51.

[23] 中国原子能科学研究院编. 中国原子能科学研究院简史1950—2010[M]. 北京: 原子能出版社, 2010.

[24] 中国原子能科学研究院编著. 钱三强与中国原子能事业[M]. 北京: 中国原子能出版社, 2013.

[25] 周莉萍. 西方女性主义思潮与美国妇女史研究[J]. 赣南师范学院学报, 2004(5): 47–50.